Katja Lucas-Nülle
Puzzle dein Leben

Katja Lucas-Nülle

PUZZLE DEIN LEBEN

Wie du dich spielerisch beim Puzzeln
selbst erfahren und glücklich werden kannst

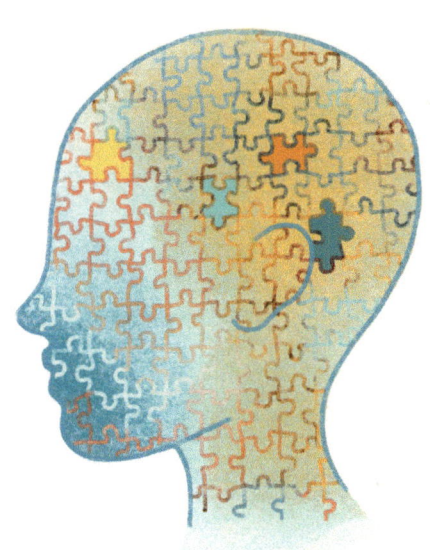

In Liebe
ALL DENEN GEWIDMET,
DIE VOR DEN TEILEN IHRES
LEBENSPUZZLES
SITZEN UND
ORIENTIERUNG
SUCHEN.

Impressum

Texte: © 2024 Copyright by Katja Lucas-Nülle
Umschlag: © 2024 Copyright by Tanja Wehr
Illustrationen: Tanja Wehr
Layout und Satz: Julia Braun
Lektorat: Hilke Bemm M. A.

Verantwortlich für den Inhalt:

Katja Lucas-Nülle
Robert-Gernhardt-Platz 1
37073 Göttingen
kln@myamenity.de

Herstellung und Verlag: BoD – Books on Demand, Norderstedt
ISBN: 978-3-7597-3491-4

Inhalt

Vorwort

Der kreative Prozess, der mit einer Idee beginnt, ist eine spannende Reise, die viele unvorhergesehene Wendungen, Hindernisse und Abzweigungen bietet. Zunächst entsteht diese kleine Idee in den Untiefen unseres Bewusstseins, wolkenartig, nicht unbedingt greifbar und noch ohne konkrete Form. Kein strahlendes Leuchten, sondern eher ein zartes Glimmen. Das Schicksal der meisten Ideen endet hier wahrscheinlich genauso schnell wieder, wie sie gekommen sind. Unsere wolkige Idee ist unter Umständen aber eine richtig gute Idee, und dann nimmt sie konkret Form an. Vielleicht die eines Buches. Um von dieser immer noch vagen Idee dann zu einem Konzept zu kommen, muss man sich weiter und weiter auf den Weg einlassen, sich auf unbekanntes und vielleicht auch unbequemes Terrain begeben. Die ersten Seiten werden geschrieben, und eine Struktur entsteht. Selbstzweifel, Kritik und konstruktive Vorschläge prasseln auf die Idee und die Urheberin ein. Und ganz langsam wird aus der Wolke Papier.

Ungefähr in diesem Moment bin ich das erste Mal mit Katjas Idee in Berührung gekommen, Puzzle als Hilfsmittel und Metapher gleichermaßen zu nutzen, und ich war begeistert. Nicht nur weil ich gerne puzzle, sondern weil es absolut nachvollziehbar und eine wahrhaftig großartige Idee ist. Fortan durfte ich die Entwicklung miterleben und mit meinen Illustrationen ein wenig an der Idee mitgestalten. Immer mehr Seiten, immer konkreter, immer besser wurde das Buch mit Leben gefüllt. Die Lesenden wurden hineingedacht und waren im Prozess stets präsent. Und aus den anfänglich unsortierten bunten Teilen wurde nach und nach ein erkennbares Motiv. Der zweitwichtigste, aber auch zweitschwierigste Schritt auf dieser Reise war geschafft. Die Idee ging über in den Prozess der Umsetzung. Etwas, das wahrscheinlich 99 Prozent aller Ideen nicht erleben. Und zu den Worten kamen Bilder, Gedanken, Übungen, Anleitungen, Tipps und noch mehr Ideen. Hilfestellungen, die dank der wunderbaren Puzzleidee leichter verständlich waren. Doch in der Umsetzung lauert auch die Gefahr der ewig währenden Überarbeitung und Neugestaltung. Eine Hürde, die noch mal viele Ideen auf den vermeintlich letzten Metern der Reise scheitern lässt. Wenn die Idee dann aber so gefestigt ist, wie die zu diesem Buch, so gefestigt, dass die Umsetzung alle Kritik und Korrekturen, alles Infragestellen und Überarbeiten hinter sich gebracht hat, kommt der schwierigste Teil: die Vollendung.

Dass du dieses Buch in Händen hältst, bedeutet: Es ist geschafft. Katja Lucas-Nülle teilt ein paar ihrer Wissens- und Erkenntnisschätze mit dir, die nun von dir auf der Reise durch dieses Buch aufgesammelt werden können. Ich bin fest davon überzeugt, dass dieser Ansatz, mit spielerischer Leichtigkeit tief in dein Leben einzutauchen, absolut bereichernd ist und dank des Bauplans und der Begleitung durch das Puzzle in dir und auf dem Tisch vor dir – im wahrsten Sinne des Wortes – der Weg durch Erkenntnisseen hin zum Glücksgipfel gemeistert werden kann. Es bedeutet auch, dass es nun aus dem Leben der Autorin in dein Leben tritt und wir am Ende dieses Weges angekommen sind, nur um zu sehen, dass das für dich erst der Anfang war. Denn nun kannst du damit beginnen, dein Leben zu puzzeln – und deine individuelle Reise beginnt.

Tanja Wehr
SKETCHNOTELOVERS

Einleitung

Durch den Lockdown vor ein paar Jahren hatte ich, wie viele von uns, plötzlich ungeplant sehr, sehr viel Zeit für mich, und so kam ich auf die Idee, mal wieder zu puzzeln.

Puzzle??? Wie wird das geschrieben?? Vor allem schon mal groß und das sind, wie ich finde, kleine Teile mit großer Wirkung. Welche Schreibweise auch immer die richtige ist, Puzzle ist ein Spiel, ein Rätsel wie auch ein Erlebnis für alle Sinne, das gelöst werden möchte.

Das hatte ich jahrzehntelang nicht gemacht, aber plötzlich war aus dem Nichts diese Spielidee da. Puzzle mal wieder! Und wie durch ein Wunder hatte ich tatsächlich sogar noch ein neues Puzzle im Regal. Also wurde schnell der Esstisch frei gemacht und die tausend Teile auf den Tisch geschüttet. Mit viel Vorfreude auf das Spielerische konnte es nun losgehen.

Nach einiger Zeit puzzeln aber war das Spielerische vorbei. Was passierte da mit mir? Plötzlich schossen Gedanken durch meinen Kopf, die ich so nicht erwartet hatte, mich aber sehr beschäftigten. Auch nachdem ich das Puzzeln unterbrochen hatte, hörte das Gedankenkarussell nicht auf. Die durch das Puzzeln ausgelösten Gedankenprozesse waren nicht mehr zu stoppen. Gleichzeitig war ich wie magnetisch angezogen von meinem Puzzle und beglückt von der dadurch nur mir gehörenden Zeit.

Durch meine langjährige Arbeit als Soul Coach und Coach für Persönlichkeitsentwicklung wurde mir unmittelbar klar, hier ist etwas Spannendes im Gange, und so ließ ich mich auf diese neue Welt ein und erforschte in den weiteren Wochen und Monaten des Puzzelns, was sich bei mir zeigte und meldete.

Es formte sich in mir immer mehr die Erkenntnis, dass Puzzeln so viel mehr ist als nur ein Spiel. Denn das Puzzeln spülte Dinge wie meine tiefsten Glaubenssätze hervor und hielt mir auch andere Facetten meiner Persönlichkeit als Spiegel vor Augen, die ich zwar kannte, die ich jedoch noch nie so klar in Form einer Selbstreflexion bisher erleben bzw. erspüren konnte. Dies alles durfte gleichzeitig in spielerischer Leichtigkeit entstehen und war für mich so viel besser annehmbar und umsetzbar. Seit meiner Kindheit ist das Spiel und das direkte praktische Umsetzen mein Weg, mir meine Welt zu erkunden und zu verstehen. So wählte ich damals auch ein Dualstudium und nicht ein klassisches Hochschulstudium. Mich in über-füllte Hörsäle zu setzen, wo ich den Fokus nicht gut hätte halten können, und über lange Zeit nur theoretisch zu lernen, war für mich vollkommen undenkbar. Die Theorie möglichst direkt in die Praxis umzusetzen mit praktischen Beispielen, war von klein auf mein Weg, mir Wissen anzueignen und zu verankern.

Der große Wunsch, nach dem Abitur Menschen in ihren Lebensprozessen psychologisch zu unterstützen, wurde erst passend, nachdem ich jahrzehnte-lang Menschenerfahrung in verschiedenen Firmen gesammelt hatte und ich mich so nun reif genug fühlte, andere auf ihrem Weg begleiten zu können. In meiner Auffassung kann jemand erst dann authentisch etwas vermitteln, wenn er es selbst erlebt und erfahren hatte. Es fängt alles bei einem selbst an und mit dem eigenen Tun.

So habe ich die letzten Jahre viele verschiedene Puzzles gelegt, diverse Puzzle-Seminare und Coachings gegeben, bevor die Idee reifen durfte, die gewonnenen Erkenntnisse und Erfahrungen in einem Buch festzuhalten, um möglichst viele daran teilhaben lassen zu können. Durch die vielen Coachings und Seminare konnte ich immer wieder erfahren, dass es einen entscheidender Unterschied macht, wenn meine Teilnehmer ins Tun und direkte Erleben kamen. Das Puzzle als Wegbereiter wurde so für meine Arbeit zu einem Schlüssel, der die Tür zum Tun und Erfahren spielerisch öffnet.

Vielleicht fragst du dich noch: Puzzle? Langweilig? Keine Herausforderung? Nur für Kinder? Stundenlanges Rumsitzen und Nichtstun? Dieses Buch, da bin ich mir sicher, wird mit diesen Mythen gründlich aufräumen und dir viele neue Perspektiven aufzeigen. Ich möchte dich mit diesem Buch spielerisch auf deine persönliche Puzzlereise zu dir selbst mitnehmen und dich ermutigen, wieder ins Spielen mit dir selbst zu kommen.

Je älter wir werden, desto mehr verlernen wir diese Leichtigkeit des Spielens und damit des intuitiven Lernens. Wie oft habe ich als Kind die Aufforderung gehört: „Spiel nicht so viel und lern besser mehr für die Schule" oder „Du hast nun genug gespielt". Der Satz „Erst die Arbeit, dann das Vergnügen" prägte si-cher viele von uns.

Was aber bewirkt der Satz in dir: „Das Leben ist ein Spiel" und der Gedanke, du kannst in jedem Moment aufhören oder ein anderes Spiel wählen?

Kann dann Leichtigkeit in dir entstehen? Im Spiel können wir alle Außenrollen fallen lassen, alle Erwartungen, und ins Ausprobieren gleiten.

Das freie Spiel ist für uns Erwachsene kaum mehr spielbar, daher sind Spiele mit einem gewissen Rahmen wunderbare Einstiege, wieder ins Spielerische einzutauchen. Das Puzzle bietet solch einen Rahmen, es ist alles da, man kann es ganz alleine machen und sich vollständig in die Tätigkeit des Puzzelns fallen lassen.

Über dieses Buch

Was nun auf den folgenden Seiten des Buches kommt, ist so viel mehr als ein Buch – es ist ein bildhaftes Spiegeln deines Selbst, deines Seins auf mehreren Ebenen. Ganz mit dir und deinem Puzzle. Nur für dich.

Ich möchte dir auf den folgenden Seiten den Zugang zu diesen verschiedenen Ebenen ermöglichen. Beim Puzzeln werden Lebensprinzipien, Glaubenssätze, Werte und so vieles mehr gespiegelt. Es ist ein Spiel und Spiegel des eigenen Seins, indem ein Teil nach dem anderen gelegt, offengelegt und dann erforscht wird. Du erkundest mögliche Widerstände in dir ohne jegliche Erwartungshaltung von außen, ohne Termindruck, ganz mit dir selbst.

Und wer einfach nur seine Ruhe genießen, abschalten und entspannen möchte, der ist mit dem Puzzle auch bestens bedient. Für mich ist das Puzzle wie ein Meditationskissen – es ist ein Rückzug von außen nach innen, man ist vollkommen im Hier und Jetzt, und der Denker darf Pause machen. Der Autopilot ist angeschaltet, und so können wir uns vollständig ins Spiel – ins Abtauchen fallen lassen.

Dieses Buch sortiert sich nicht in die Reihe der Selbstcoachingbücher ein, die auf der theoretischen Ebene bleiben. Durch das aktive begleitende Puzzeln entsteht eine spielerische Reise ganz für dich selbst zu dir selbst. Für deine Selbsterkundung, deine Selbstfindung, deinen Spiegel deiner Persönlichkeit, und dies auf eine Weise, die es dir ermöglichen wird, mit viel Freude dich besser kennenzulernen und eventuell auch dich zu verändern. Denn dein Leben ist ein Puzzle und nur du kannst es für dich legen, damit es für dich passt.

Du hast alle Lösungen in dir, wie bei jedem Puzzle sind alle Teile vorhanden, nur noch nicht am richtigen Ort. Vertraue auf dein Inneres, auf deine Intuition, und komme ins Tun. Solange wir im theoretischen Wissen verharren, verändert sich nicht wirklich etwas. Wir brauchen das Erleben und die Erfahrungen, um Entwicklungsschritte zu gehen. Das Puzzle ermöglicht es dir, ins Tun zu kommen.

Das Zusammensetzen verschiedener Teilchen liegt in unserem Wesen. Seit der Geburt lernen wir alles Schritt für Schritt, Teil für Teil allerdings auf verschiedenen Ebenen. Wir leben für den Moment, in dem der fehlende Puzzlestein gefunden wird. Die Erkenntnis ist dann das fertige Bild.

Es liegt mir am Herzen, Folgendes kurz zu erläutern: Ich habe mir als Anrede in diesem Buch das „Du" ausgewählt, da es nach meiner Auffassung ein sehr persönliches Buch ist und sich jeder, ob jung oder alt, angesprochen fühlen soll. Das „Du" schafft Nähe, und beim Spielen braucht man Nähe. Beim Spielen ist man auf Augenhöhe, Spielen ist hierarchiefrei, und Status spielt keine Rolle.

Ich habe den Verlauf dieses Buches direkt an den Puzzleprozess angelegt. Vom Chaos bis hin in die Erkenntnis und durchleuchte im Weiteren mit den Kapiteln Werte, Überzeugungen, Visionen usw., also die grundlegenden Lebensprinzipien, die uns im Handeln und Entscheiden beeinflussen. Ich möchte dir empfehlen, nicht nur gleichzeitig zu puzzeln, sondern möglichst auch, dir ein Notizbuch beim Lesen mit an die Seite zu legen. Auf diese Weise kannst du eigene Erkenntnisse und Prozesse, die sich bei dir zeigen werden, gleich notieren und später deine Reise noch nachvollziehen. Vielleicht sind es auch Bilder, dann male bzw. skizziere sie für dich zur Erinnerung. Es sind Meldungen deines inneren (Er)Lebens. In den einzelnen Kapiteln sind auch Reflexionsfragen für mehr innere Klarheit enthalten, die du für dich nutzen kannst. Nach jedem Kapitel ist eine Leerseite in diesem Buch für deine Notizen eingefügt. Wenn du magst, nutze diesen Raum und gestalte dein Buch als dein persönliches Coachinginstrument.

In jedem Kapitel wird von mir zunächst das physische Puzzle mit seinen möglichen Prozessen aufgezeigt und dann die jeweilige Verbindung zum Leben gezogen. Entsprechend findest du Randmarkierungen zur Orientierung, mit deren Hilfe du schnell in ein Kapitel direkt einsteigen kannst.
Am Ende jedes Kapitels habe ich jeweils eine Abschlussübung eingefügt, die du auch für alle anderen inneren Prozesse anwenden kannst. Diese Übungen sind

größtenteils allgemein bekannte Coachingübungen, die ich im Zusammenhang mit dieser Puzzlereise passend finde und sich auch in meiner Praxis sehr bewährt haben. Ich empfehle dir, sie durchzuführen, auch wenn du sie vielleicht schon kennst und irgendwann mal gemacht hast. Im Zusammenhang mit dem Puzzle und zu diesem Lebenszeitpunkt kann es zu einer ganz anderen, neuen Erfahrung deines Selbst kommen. In allen Kapiteln sind weitere Selbstcoachingübungen auch mit dem Puzzle beschrieben, sodass du über diesen Weg ausprobieren wirst und dich erfahren kannst. Wähle aus dem großen Blumenstrauß deine für dich passenden Übungen heraus. Nur durch die Übung integrieren wir Veränderungen Schritt für Schritt.

> *Dein Leben besteht zu 10 % daraus, was dir passiert, und zu 90 % daraus, wie du darauf reagierst.*
> (Chuck Swindoll)

Neben Übungen gibt es auch einige Weisheitsgeschichten und die eine oder andere Meditation, die du dir mithilfe des QR-Codes anhören kannst. Die Impulse zur Vertiefung sind Merksätze, die einige Aspekte vertiefen und zusammenfassen. So erhältst du in Kurzform noch ein paar Erkenntnisse zum Verankern.
Mein Herzensanliegen ist, dir zu zeigen, wie einzigartig das Leben ist, in dem du der Kreator deines ganz eigenen Puzzles bist. Nur du hast die Teile hierfür in der Hand. Komme mehr und mehr von der Reaktion im Außen in die Kreation aus deinem Inneren. Gleiche Buchstaben, aber in einer anderen Reihung, geben eine vollkommen neue Perspektive.

> *Lebst du noch in der Reaktion oder bist du schon in deiner Kreation?* (Maxim Mankevich)

Ich wünsche dir viel Freude und Spaß bei deiner Puzzlereise – lasse los und erfahre, wer du wirklich bist. Erlebe das Spiel des Lebens. Freue dich auf Zeit nur mit dir und für dich.

Wie gut kennst du dich selbst?

KAPITEL 1

Wie gut kennst du dich selbst?

Wie viele Teile dürfen's denn sein?

Die erste spannende Frage, die sich einem beim Aussuchen seines Puzzles stellen kann, ist, wie viele Teile wähle ich? Als Erwachsene werden häufig Puzzle mit 500 bis 1000 Teilen gewählt. Tüftler trauen sich an 5000-teilige und mehr. Die meisten erwachsenen Menschen, die ich kenne, suchen sich zunächst ein 1000er-Puzzle aus. Das ist eine schöne runde Zahl, und man will ja nicht ganz klein und damit ganz unten anfangen. Aber warum eigentlich nicht? Es gibt auch Menschen, die sich unbewusst unterfordern, weil sie dann eher ein Erfolgserlebnis haben. Was ist ein Erfolg in der Komfortzone wert? Und wie viel trauen wir uns zu? Neigen wir eher dazu, uns zu überschätzen, und bleiben dann auf halber Strecke liegen? Ein 500-Teile-Puzzle schafft doch jeder. Aber reicht das? Wenn andere eher von größeren Herausforderungen erzählen und ich daneben irgendwie „schwach" aussehe? Das Puzzle ist noch gar nicht ausgesucht, und trotzdem sind wir schon mittendrin in der Selbstreflexion! Und genau hier zeigt sich bereits deutlich die erste persönliche Erkenntnis: Wir vergleichen uns häufig mit anderen in puncto Zahlen und Fakten, hören aber nicht wirklich auf unsere innere Stimme: Was tut mir gerade gut und was ist denn wirklich mein persönlicher nächster Schritt? Diese Selbsteinschätzung und die Bereitschaft, sich wirklich weiterentwickeln zu wollen, bilden die entscheidende Basis für jeden Start, egal ob im privaten oder beruflichen Kontext.

Jeder hat seine eigene Vorstellung von sich im Kopf, einen subjektiven Schnappschuss sozusagen. Doch wir wären mitunter ziemlich verwundert, wenn uns andere ihre eigenen Vorstellungen von sich selbst offenbaren würden. So sitze ich manchmal sprachlos in Coachings und Seminaren, wenn andere dazu aufgefordert werden, sich selbst zu beschreiben, und kann es häufig kaum aushalten, still zu bleiben und nicht dazwischenzurufen: „Nein, so sehe ich dich überhaupt nicht! Warum machst du dich so klein?"

Wir selbst sind meist unser größter und härtester Richter, Kritiker oder Feind. Allzu oft sprechen wir in immer wiederkehrenden Schleifen negativ und abwertend zu uns im Inneren. Es fällt uns nicht leicht, unseren eigenen unschätzbaren Wert zu sehen, zu akzeptieren und anzuerkennen. Auch trauen wir uns häufig keine oder nur wenige Herausforderungen bzw. Entwicklungen zu. Du selbst kannst aber jederzeit darüber entscheiden. Und das immer wieder neu, in jedem Moment! Deine größten Feinde sind nicht die anderen, sondern deine eigenen Gedanken. Wie kann das nur möglich sein?, wirst du dich jetzt vielleicht fragen. Die Konsequenzen hieraus zeigt der aus dem Englischen übersetzte Spruch von Charles Reade sehr gut auf, der auf ein chinesisches Sprichwort zurückgeht:

Achte auf deine Gedanken, denn sie werden Worte.
Achte auf deine Worte, denn sie werden Handlungen.
Achte auf deine Handlungen, denn sie werden Gewohnheiten.
Achte auf deine Gewohnheiten, denn sie werden dein Charakter.
Achte auf deinen Charakter, denn er wird dein Schicksal.

Als Coach bin ich unter anderem dafür da, dabei zu unterstützen, dass sich der Einzelne in einem neuen Licht sehen kann, sprich, einen Perspektivwechsel vornimmt. Dass er alle Sonnen- und Schattenseiten an sich klarer erkennen kann und seine Persönlichkeit oder sein Anliegen besser einzuschätzen weiß. Erst wenn er erkennt, wer er ist, kann er herausfinden, was er wirklich möchte und inwiefern er an sich arbeiten will. Das eigene Selbstwertgefühl ist enorm wichtig, damit wir uns nicht mit anderen vergleichen, sondern einfach Vertrauen in uns selbst haben und uns nicht den ganzen Tag den Kopf darüber zerbrechen, was wohl die anderen zu uns oder dazu sagen werden. Du bist einzigartig und stehst auf deinem ganz eigenen momentanen Entwicklungsstand. Dein Vertrauen in dich selbst erlaubt dir, weiterzukommen, andere Dinge auszuprobieren und neue Erfahrungen zu machen. Sei ganz du selbst, mach etwas aus deinem Leben, begehe Fehler, lerne und lebe nach deinen Vorstellungen. Befreie dich von den Meinungen anderer, die dich blockieren und dafür verantwortlich sind, dass du auf der Stelle trittst. Führe ein freies Leben und gehe zielstrebig deinen eigenen Weg. Lass nicht zu, dass du dein größter eigener Feind bist. Es startet mit dem ehrlichen Hinterfragen deiner selbst.

Wie schätzt du dich selbst ein? Bist du eher risikofreudig oder mehr auf Sicherheit bedacht? Willst du auch mal gerne deine Komfortzone verlassen und dich auf neues Terrain begeben? Bist du bereit zu wachsen, dich zu verändern?

Stell dir deine Komfortzone wie eine Ampel vor:

GRÜN
Du bist voll in deiner Komfortzone drin – du machst etwas Bekanntes, das du immer so machst. Du entwickelst dich allerdings dadurch auch nicht weiter.

GELB
Du bist in deiner Stresszone – du machst etwas, das Mut erfordert, fühlst dich nicht mehr ganz so wohl, hast aber noch alles unter Kontrolle und kannst klar denken.

ROT
Du befindest dich in deiner Panikzone – du bist über dein Limit gegangen, machst etwas, das deinen Körper regelrecht zittern lässt, und fühlst dich überfordert.

In die Panikzone solltest du möglichst nicht geraten, denn hier bist du nicht handlungsfähig und kannst nur eingeschränkt aktiv agieren oder bewusst denken. Du befindest dich dann zu weit außerhalb deiner Komfortzone. Wirkliches Wachstum findet mehr in der gelben Zone statt, also einen Schritt aus deiner Komfortzone heraus.

In der Komfortzone fühlen wir uns sicher und geborgen, wir haben das Gefühl, alles im Griff zu haben. Das ist wichtig und auch gut, hier Kräfte und Erholung zu sammeln. Wir entwickeln uns aber erst, indem wir Neues ausprobieren, uns Herausforderungen stellen. Die gute Nachricht: Der Schritt raus aus der Komfortzone gelingt schon in kleinen Schritten, durch kleinste Veränderungen.

Kommen wir zum Puzzle zurück – wie viele Teile würdest du nun für dein erstes Puzzle wählen, wenn du in deiner Komfortzone, sprich grünen Zone bleiben möchtest? Hier kommt es ganz darauf an, ob du schon ein versierter Puzzler bist oder eher ein Starter. Als Richtwert sagt man: ca. 500 bis 1000 Teile für die Starter und ab 2000 Teilen für die Fortgeschrittenen. In dieser Hinsicht sind mittlerweile fast keine Grenzen mehr gesetzt – das derzeit größte in Serie gefertigte Puzzle besteht aus fast 53.000 Teilen.

Nun gehe also einen Schritt nach vorne in die gelbe Zone und wähle mindestens 500 Teile mehr als in deiner Komfortzone. Aber überfordere dich nicht – es reichen kleine Schritte nach vorne. Es lähmt dich sonst eventuell die Angst oder die Überforderung, so entstehen Stressgefühle, und wir fangen entweder das Puzzle erst gar nicht an oder brechen schnell wieder ab.

Es kann durchaus für dich gerade auch die Wahl sein, in der Komfortzone bleiben zu wollen, weil du vielleicht mehr entspannen und momentan keine Herausforderung möchtest. Horche da gut in dich hinein. Es ist und bleibt deine Entscheidung, bleibe da ganz bei dir und sorge für dich.

Komfortzonen zu verlassen, ist alles andere als komfortabel. Das erfordert Mut, (Selbst)Vertrauen und Durchhaltevermögen. Je ungewohnter die ersten Schritte hieraus auch sind, desto stolzer können wir auf uns sein, wenn wir uns entwickeln und wachsen.

> **Dein Leben beginnt dort, wo deine Komfortzone endet.**
> (Alexander Vitocco)

Neben der Umfangsentscheidung ist es auch wichtig, deine Motivation zu durchleuchten. Denn sie ist von entscheidender Bedeutung wenn man die Komfortzone verlassen hat.

Glaubst du, dass du nur anfängst oder das Puzzle auch beenden wirst?
Machst du es aus eigener Motivation heraus oder nur deshalb, weil die anderen gerade puzzeln oder weil es dir jemand gesagt hat?

Um unsere Komfortzone zu verlassen, brauchen wir einen wirklichen Ansporn, einen Antrieb, eine Motivation. Wir tun immer nur das eine, um das andere zu erreichen. Also überlege auch hier beim Aussuchen des Puzzles: Warum tust du es wirklich? Tust du es für dich? Denn wenn es aus dir herauskommt, also eine intrinsische Motivation ist, geht es federleicht. Fokussiere dein Endziel – beispielsweise den Moment, wenn dein fertiges Puzzle auf dem Tisch liegt und du voller Glück auf das Erreichte schauen kannst. Alle Puzzleteile haben ihren Platz gefunden, und es macht sich eine große Glückseligkeit breit, die durch deinen ganzen Körper fließt. Schließe kurz deine Augen und spüre dieses Erfolgsgefühl. Vielleicht hörst du auch eher Stimmen (deine oder andere), die sagen: „Wow, das ist ja toll geworden – Glückwunsch!" Das weckt eine enorme Motivation in dir und macht es dir leichter, den Anfangsschritt zu gehen und durchzuhalten. Zudem kannst du dir genau dieses Zielbild immer wieder in allen vielleicht auch herausfordernden Teilschritten vor Augen führen.

Betrachte es auch mal so: Du holst dir eine zigfache Unterstützung an die Seite: 1000 Puzzleteile, die dir auf dem Weg in neue Erfahrungen, Prozesse bzw. Entwicklungen helfen und sie dir aufzeigen.

Liest du noch oder puzzelst du schon?
Du kannst alles schaffen, wenn du es wirklich möchtest – also starten, nicht warten.

In meinem Seminar *Meditationspuzzeln*, das über einen längeren Zeitraum geht und mit den Teilnehmern genau den in diesem Buch beschriebenen Prozess durchläuft, konnte ich ganz deutlich feststellen, wie sehr es hilft, in der Gruppe zu sein und sich gegenseitig zu motivieren. Natürlich ist es eher unwahrscheinlich, das 1000er-Puzzle im Seminar fertigzustellen. Aber zu sehen, dass alle Teilnehmer dransitzen und dabei ihre persönlichen Höhen und Tiefen durchleben, kann sehr dabei helfen und motivieren, weiter zu puzzeln. Wichtig ist: Entscheide dich **jetzt** bewusst dafür, loszulegen und dein Vorhaben anzupacken, dann ist es viel leichter, und du kommst in dein Handeln schnell und gut hinein. Garantiert.

Mindset Card 1

Du kannst alles erreichen, was du wirklich willst!

Impulsübung

Hierzu gibt es eine wunderbare erste Übung, eine sehr effektive Visualisierungstechnik, die dir beim Verlassen der Komfortzone helfen kann:

Überlege dir eine Herausforderung, die du gerne anpacken möchtest, und dann stelle dir im Kopf vor, wie du diese Aufgabe locker und leicht angehst. Spule die Situation immer und immer wieder vor deinem geistigen Auge ab, fühle dabei, wie gut es sich anfühlt, und sieh dich erfolgreich die Herausforderung meistern.

Wenn du beispielsweise Angst davor hast, vor vielen Menschen zu sprechen, dann visualisiere, wie du vollkommen entspannt und voller Selbstbewusstsein vor diesen Menschen stehst, dir dein Vortrag richtig Spaß macht und die Zuhörer ganz begeistert sind. Sie klatschen dir alle zu, nachdem du fertig bist. Nimm diese guten Gefühle und diesen inneren Film dann mit in deinen Tag. Dadurch wird es am Ende sehr viel einfacher sein, deine Herausforderungen auch im realen Leben anzupacken.

Beispiele für solche Situationen können sein:
→ einen Vortrag halten
→ alleine Essen gehen
→ eine Woche auf das Handy verzichten
→ jemand Fremdes um Rat fragen
→ in einer Diskussion zur eigenen Meinung stehen
→ ...

→ Notiere auf einem Zettel auf einer Skala von 1 bis 10, wie du dich momentan einschätzt: Wie risikofreudig bist du? Dann überlege für dich ganz in Ruhe, ob du gerne ein Stück deine Komfortzone verlassen möchtest und wie viele Zahlenschritte du von deiner Ausgangszahl nach oben gehen kannst.
→ Notiere dir auch diese Zahl. Was braucht es, um diese Schritte nach vorne zu gehen? Was hindert dich bisher daran oder würde dich hindern? Wie würdest du dich fühlen, wenn du diesen Schritt gegangen bist? Schreibe diese Gedanken ebenfalls mit auf.

→ Nun lege dir eine erste Zeitlinie fest, bis wann du dein Endziel und die jeweiligen Teilziele erreichen möchtest.

Durch diese Übung wird dir deine erwünschte Veränderung bewusst, du definierst ein provisorisches Ziel, lässt die entwicklungshemmenden Verhaltensmuster los und legst erste Schritte zur Verwirklichung deines neuen Zieles fest. Wichtig ist eine regelmäßige Überprüfung, ob das gesteckte Ziel noch stimmig ist oder sich eventuell neue Aspekte zeigen.

Platz für deine Gedanken

Alles fängt bei uns selber an & dort endet es auch.

Achte darauf wie/was du über dich denkst, denn es wird zu deinen Handlungen.

In der Komfortzone SINKT AUF DAUER UNSER ENERGIELEVEL: WIR LANGWEILEN UNS

Die KOMFORT-ZONE ist ein Raum, in dem wir uns sicher und entspannt fühlen.

In der WACHSTUMSPHASE erwarten uns Selbstverwirklichung & ein STÄRKERES SELBSTWERTGEFÜHL

Wähle MACHBARE HERAUSFORDERUNGEN gehe kleine Schritte, DAMIT DU DICH NICHT überforderst.

Du erlebst MEHR Freude UND Zufriedenheit, WENN DU DICH HERAUS TRAUST.

WIR BRAUCHEN DIE KOMFORTZONE ALS BASIS FÜR & Wachstum Weiterentwicklung

PUZZLE vibes

Zeige mir dein Motiv, und ich sage dir, wer du bist

KAPITEL 2

Zeig mir dein Motiv,
und ich sage dir, wer du bist!

Welches Motiv spricht mich an?

In unserer heutigen Zeit unterscheiden sich Puzzle dank moderner Möglichkeiten nicht nur in puncto Spielweise (wie 2D, 3D oder digital als App-/Web-Variante) und Material (wie Pappe, Holz oder Kunststoff), sondern bieten auch unzählige Motive zur Auswahl. Die Entscheidung fällt da nicht leicht und braucht eventuell etwas Zeit, die man sich auch nehmen sollte. Es gibt fast alles: Landschaften, Kunstgemälde, Tiermotive, Cartoons, Fantasybilder, Technikvorlagen, grafische Fantasy-Vorlagen, Technik, Muster, Fahrzeuge aller Art, Blumen und vieles mehr. Sogar eigene Fotos oder Themen können mittlerweile als Puzzle erstellt werden.

Wie wählen wir also aus? Ist uns das Motiv wirklich so wichtig oder eher doch die Teileanzahl, sprich der Schwierigkeitsgrad? Spielen noch andere Aspekte eine Rolle? Welches Motiv interessiert mich? Mit welchem Bild möchte ich mich gerne länger intensiv verbinden?

Es ist von besonderer Bedeutung, hier eine bewusste Wahl für sich zu treffen, denn man wird einige Zeit mit diesem Projekt verbringen und möchte ja dabei auch Spaß haben. Zudem lernt man an diesem Punkt sich selbst schon besser kennen, indem man beachtet: Auf welcher Ebene fühle ich mich persönlich angesprochener und motivierter, wirklich weiterzumachen? Bin ich eher der visuelle Typ oder doch der kinästhetische, dem die Haptik wichtiger ist? Welche Bilder sprechen mich gerade an?

Wir nehmen die Welt mit unseren fünf Sinnen wahr und drücken uns innerlich und äußerlich hierüber aus. Unsere fünf Sinne sind Sehen, Hören, Riechen, Schmecken und Fühlen/Berühren, die den Repräsentationstypen visuell, auditiv, olfaktorisch, gustatorisch und kinästhetisch zugeordnet sind (VAKOG-Modell).

Über diese nehmen wir die Welt wahr, wobei meist ein oder zwei Kanäle priorisiert bzw. ausgeprägter sind bei jedem Einzelnen. Die am häufigsten ausgeprägten Typen sind der visuelle, der auditive und der kinästhetische. Aber wir nehmen nicht nur darüber wahr, sondern lernen und kommunizieren auch in diesen Kanälen.

Nun fragst du dich sicherlich: Welcher Wahrnehmungstyp bin ich? Die Antwort lässt sich auf viele Arten herausfinden. Du kannst beispielsweise dein Wahrnehmungslernverhalten bewusst beobachten, einen Test zur Bestimmung machen (am Ende des Kapitels findest du einen) oder dir bei dieser Einschätzung Unterstützung durch einen Coach holen.

Die Verteilung der Sinne ist uns von Geburt an vorgegeben bzw. sie entwickeln sich so früh, dass wir sie nicht mehr wirklich ändern können. Daher ist es ratsam, deine(n) Lieblingssinn(e) zu kennen, ihn oder sie anzunehmen und damit zu arbeiten. Das bedeutet aber nicht, dass du die anderen Sinne nicht verwendest, es geht vielmehr darum, den stärksten Sinn herauszufinden, weil du damit am besten in deine Prozesse kommst.

Die drei wichtigsten Typen erläutere ich dir nachfolgend kurz, und vielleicht kannst du dich schon selbst einem davon zuordnen.

Der **visuelle Typ** achtet sehr stark auf optische Reize und nimmt überwiegend über seine Augen wahr. Dazu gehören Farben, Formen, Texte, Bilder, Videos und das Aussehen. Personen dieses Typs 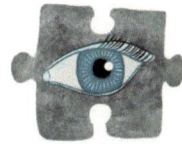 können visuelle Eindrücke viel leichter speichern und sich Dinge besser merken, wenn sie diese aufgeschrieben oder gelesen haben. Sie sind sehr gute Beobachter und brauchen viel Ruhe, um sich auf etwas vollständig konzentrieren zu können. Durch Geräusche im Hintergrund werden sie leicht gestört. Sie sprechen gerne eine bildhafte Sprache wie zum Beispiel: „Ich kann mir davon kein Bild machen" oder „Ich sehe, was du meinst". Visuelle Typen versuchen, sich die Umgebung vorzustellen, und brauchen dazu viele Informationen und Eindrücke.

Für den visuellen Wahrnehmungstyp ist es sinnvoll, sich Merkbilder zu erstellen und sogar zu zeichnen. Auch das selbstständige Auf- bzw. Mitschreiben und Erstellen von zum Beispiel Mindmaps kann dem Visuellen sehr helfen.

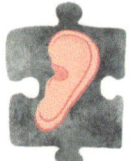

Der **auditive Typ** fasst seine Gedanken gerne in Worte und bringt so seine Gefühle zum Ausdruck. Häufig drücken sich diese Personen dabei gewählt aus. Umgekehrt hören sie aber auch gerne zu. Sie sind sehr sensibilisiert darauf, wie sich etwas anhört, und achten genau auf Tonfall und Nuancen. Informationen, die sie gehört haben, können sie sich besser merken als Gelesenes. Oft führen sie darüber hinaus gerne Selbstgespräche. Wenn du deine Welt stark auditiv wahrnimmst, bist du wahrscheinlich ein echtes Kommunikationstalent, hörst gerne Musik und kannst dabei gleichzeitig problemlos anderen Gesprächen folgen. Vielleicht spielst du sogar selbst ein Musikinstrument. Hintergrundgeräusche lenken dich eher nicht ab. Man kann auditive Typen oftmals auch an ihrer Wortwahl erkennen. Typische Sätze sind beispielsweise „Das klingt gut" oder „Das spricht mich an".

Am besten zu erreichen ist der auditive Wahrnehmungstyp über die Sprache. Er kann sich sehr gut Zitate, Liedtexte und dergleichen merken. Zur Verankerung von Lernstoff sind Hörbücher, Reime und gemeinschaftliches Lesen gute Methoden.

Der **kinästhetische Typ** (er-)lebt vor allem in seinen Gefühlen, er möchte sich bewegen oder zumindest emotional bewegt werden. Meistens neigen diese Menschen zur praktischen Herangehensweise und wollen Lerninhalte begreifen, sprich anfassen. Daher sind sie schnelle Lerner, wenn es um Bewegungen oder aktives Handeln bzw. Erleben geht. Langes Sitzen und trockene Inhalte sind nicht förderlich für ihr Lernen. Sie wollen also lieber mal zwischendurch aufstehen und etwas Aktivität walten lassen. Sachverhalte oder Lösungen durch Versuch und Irrtum herauszufinden, motiviert diese Menschen am meisten.

Ihre Sprache findet sich in folgenden Sätzen wieder: „Das ist ja nicht zu fassen …!" oder „Ich fühle mich nicht wohl damit …" oder „Ich habe kein gutes Gefühl bei dieser Entscheidung".[1]

Es ist wichtig, sich diesbezüglich gut selbst zu erkennen und somit auch besser steuern zu können, denn die Ausprägung unserer Wahrnehmung bestimmt unser ganzes Handeln, Lernen, Kommunizieren usw. Aus diesem Grund habe ich etwas ausführlicher diese Wahrnehmungstypen beschrieben. Du wirst sehen, es zieht sich durch alle deine Prozesse und dein Erleben hindurch: Wir fühlen uns viel wohler, nehmen besser neues Wissen auf, können besser für uns Entscheidungen treffen, besser miteinander kommunizieren und den anderen besser wahrnehmen, wenn wir unsere präferierten Sinneskanäle kennen. Befragt man beispielsweise vier Zeugen zu einem gerade miterlebten Unfall, erhält man als Antwort vier sehr unterschiedliche Beschreibungen, Detailinformationen und Eindrücke – genau aufgrund dieser unterschiedlichen Priorisierungen. Wir selektieren die Menge an Informationen im Gehirn vollautomatisch durch unsere verschieden ausgeprägten Sinnesfilter.

Nun aber wieder zurück zum Puzzle: Wenn du eher der visuelle Typ bist, ist das Motiv für dich wirklich wichtig. Nimm dir also genügend Zeit für deine Motivauswahl. Wähle ein Motiv, das dich anspricht, womit du gerne beim Puzzeln Zeit verbringen möchtest und das dich zur Fertigstellung maximal motiviert. Das Ergebnis kann ein Zielbild, sprich ein Traumbild oder Wunschreiseziel sein, ein Hobby, das du gerne noch anfangen möchtest, ein Symbol, das dir Kraft und Energie schenkt, oder vieles mehr. Denn wie man so schön sagt: „Energie folgt der Aufmerksamkeit." Und vielleicht wird das Ziel, dein Bild, schneller erreicht, als du dir momentan vorstellen kannst.

Bist du eher der auditive Typ, ist die Motivauswahl nicht ganz so bedeutend. Es ist vielmehr ratsam, während des Puzzelns zum Beispiel inspirierende, passende Musik zu hören. Und wenn du eher kinästhetisch ausgeprägt bist, achte darauf, wie sich das Puzzle anfühlt, welches Material dir zusagt (wie Pappe oder Holz oder Kunststoff oder Metall oder …), ob dich eher eine glänzende und glatte oder raue, strukturierte Oberfläche anspricht.

Bei der Motivauswahl sind wie gesagt keine Grenzen gesetzt, es ist fast alles möglich. Das Motiv sollte für einen Anfänger jedoch nicht zu farbähnlich sein, zu große gleichfarbige Flächen aufweisen, geschweige denn schwarz-weiß sein. Kaum zu glauben, aber mittlerweile gibt es sogar Puzzles zu kaufen, die nur weiß oder schwarz sind – das ist meines Erachtens etwas für absolute Könner.

In meinem Seminar *Meditationspuzzeln* gebe ich daher einige Motive zur Auswahl vor, die ich vorher selbst ausprobiert habe und leichter zu puzzeln sind, damit sich nicht gleich zu Beginn die ersten inneren Saboteure bei den Teilnehmern zu Wort melden. Hier gilt demnach das Motto: „Bunt ist das neue Schwarz." Denn gerne trügt uns unser Auge bzw. unsere Einschätzung bezüglich der Machbarkeit. Jemand mag vor dem kompliziert anmutenden Motiv des Segelboots zurückschrecken, doch in Wirklichkeit ist das viel einfacher zu legen als die schlichte Dünenlandschaft der Sahara. Auf dem Boot gibt es zum Beispiel Seile, gerade Linien, Ecken und Kanten sowie typische Merkmale, während ein Sandkorn dem anderen ähnelt wie ein Sandkorn dem anderen …

Im Grunde können wir das Leben als ein großes Puzzle betrachten. Allerdings bekommen wir die Teile für unser Lebenspuzzle nicht komplett in einem Karton geliefert. Ein paar Puzzlesteine sind zwar schon da – zum Beispiel unsere Herkunftsfamilie, unser Geburtsort oder die Anlagen und Begabungen, die uns in die Wiege gelegt werden –, ringsherum ist aber jede Menge Raum vorhanden, der mit passenden Puzzleteilen gestaltet werden kann. Diese Teile sammeln wir Tag für Tag, Schritt für Schritt auf unserem Lebensweg in Form von Menschen, denen wir begegnen, Ereignissen, die wir erleben, Orten, an denen wir verweilen, sowie von Dingen, die wir uns anschaffen.

Nun springen wir vom realen Puzzle zur Analogie des Puzzles des Lebens. Die Schwierigkeit beim Puzzle des Lebens ist, dass es kein vorgegebenes Bild gibt, an dem wir uns orientieren können, wenngleich andere manchmal ein solches für uns im Kopf haben. Eltern haben beispielsweise häufig klare Zukunftsbilder ihrer Kinder. Auch Ehe- oder Lebenspartner projizieren oft das eigene Bild des gemeinsamen Lebens in ihren Alltag hinein. Dem entsprechen zu wollen, führt in der Regel nicht unbedingt zu einem glücklichen Leben. Letztlich ist jeder Mensch selbst verantwortlich für das, was als Bild entsteht. Wir bestimmen die Farben, Formen, Motive und die Größe unseres Puzzles sowie die Verbindungen zu den Lebenspuzzles anderer. Die Puzzles anderer Menschen können uns zwar zum Vergleich oder als Inspiration dienen, aber letztlich sind wir die ganz eigenen Gestalter unseres Lebens und das zu jedem Zeitpunkt. Jede Lebensphase bildet sich sozusagen in speziellen einzelnen Puzzles ab. So verändern sich die Motive, die uns ansprechen, im Laufe unseres Lebens. Motive, die wir vor Jahren noch anziehend fanden, langweilen uns vielleicht nun. Zudem können mehrere Puzzles parallel in unserem Leben gelegt werden. So gibt es bei jedem parallele Bilder für die Partnerschaft, den Beruf, die Hobbys, und die Bilder, die nicht unbedingt in ein Puzzle passen.

Wir alle haben einzigartige Gaben und Geschenke in diesem Leben, die sich zu ganz unterschiedlichen eigenen Lebensbildern zusammenfügen und uns ein glückliches, selbstbestimmtes sowie erfülltes Leben bescheren können. Das Leben als kreative Lebenskunst zu sehen befreit und entspannt ungemein. Es braucht als Basis allerdings ein paar Zutaten: die Selbsterkenntnis, die Selbstbewusstheit und konsequent ehrliche Antworten auf die Frage:

Wer bin ich und was will ich wirklich für mich und mein Leben?

Diese Antworten bilden zusammen die Wurzel der Verankerung des Lebens, als kreative Lebenskunst. Sei Gestalter und nicht Verwalter deines Lebens.

Der Vierte vereint alles –
er puzzelt mit allen Sinnen!

Impulsübung

Finde mit dieser Übung nun heraus, welcher Wahrnehmungstyp du in erster Linie bist bzw. welche Sinne bei dir stärker ausgeprägt sind.

Lies dir die folgenden Begriffe einzeln laut und nacheinander selber vor und erkunde, welche Reaktion sich bei dir jeweils zeigt. Siehst du es? Hörst du es? Fühlst du es? Markiere deine erste Intention mit einem Kreuz. Wenn sich zwei Sinne melden, setze jeweils ein Kreuz, entscheide dich dabei für den stärksten und den zweitstärksten Sinn: [2]

	Sehen	Hören	Fühlen
Kerze	○	○	○
Sonnenuntergang	○	○	○
Buch	○	○	○
Strand	○	○	○
Autobahn	○	○	○
Zellophanpapier	○	○	○
Beethoven	○	○	○
Zimtplätzchen	○	○	○
Rose	○	○	○
Telefon	○	○	○
Neujahr	○	○	○
Sonntag	○	○	○
Holz hacken	○	○	○

Zähle nun die Kreuze zusammen, die du bei den einzelnen drei Wahrnehmungskanälen Sehen, Hören oder Fühlen gesetzt hast. Da, wo die meisten Kreuze stehen, zeigt sich dein bevorzugter Wahrnehmungskanal, sprich ist dein Wahrnehmungstyp zu finden.

Platz für deine Gedanken

Jeder nimmt unterschiedlich wahr & lebt seine *eigene* Realität.

Erforsche deine Wahrnehmungsfilter für ein erfolgreiches Miteinander.

Wahrnehmen über unsere 5 SINNE))
sehen - hören - riechen - fühlen - schmecken

Sinnessuche -
entdecke die verborgenen Schätze DEINER WAHRNEHMUNG.

ERWEITERE DEINEN Wahrnehmungs-RAUM über MEHR SINNESEINDRÜCKE

WIR SEHEN DIE Welt NICHT WIE SIE IST WIR SEHEN DIE WELT wie wir sind.

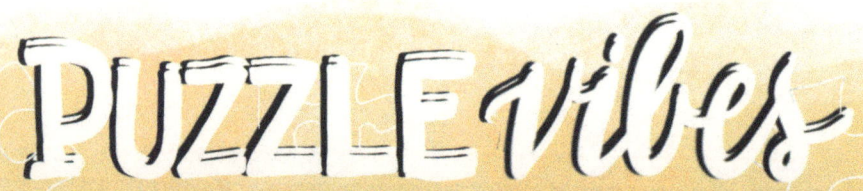

PUZZLE vibes

Am Anfang war das CHAOS

KAPITEL 3

Am Anfang war das Chaos

Obwohl wir uns vorab viele Gedanken gemacht haben – es endet, nein es beginnt doch im Chaos, nämlich wenn die Teile wahllos vor uns auf dem Tisch liegen. Wie soll diese Aufgabe jemals bewältigt werden? Wo beginnen wir? Viele, viele Gedanken auf einmal und gefühlt kein Durchblick.

So ist es immer, wenn etwas Neues in unser Leben tritt, egal, ob es ein Hobby, eine neue Aufgabe im Job oder ein Mensch ist. Jedes Neue, dem wir begegnen, ist wie ein Puzzle. Nehmen wir die Herausforderung an? Interessieren wir uns so sehr dafür, dass wir versuchen, das Puzzle passend einzuordnen? Oder stempeln wir es aufgrund einer Äußerlichkeit ab, wobei wir so tun, als wäre unser Bild davon fertig, und stecken es in irgendeine Schublade? ... Dann hätten wir gar nicht erkannt, dass es die Summe vieler Teile ist, sondern hätten vorschnell und unüberlegt ein Bild gesehen, dem es vielleicht gar nicht entspricht. Manch unglückliche Lebensgeschichte beginnt genau hier.

Ich werde den Moment nie vergessen, als ich endlich fertig war mit dem Abitur – aber was nun? Es gab so viele Möglichkeiten, damals schon. Ich habe mich unendlich verloren und einsam gefühlt. Was passt nur zu mir? Wer bin ich? Was möchte ich tagein, tagaus mal arbeiten? Es lagen für mich gefühlte 50.000 Puzzleteile vor mir, und ich hatte absolut keine Ahnung, wo ich starten sollte. Mir hätte damals geholfen, die Vielzahl von Optionen und Herangehensweisen erst mal wohlwollend anzunehmen. Aus dieser positiven, motivierten Haltung heraus erste Möglichkeiten für mich zu finden. Denkt man eher negativ über sich und die Zukunft, packt man im wahrsten Sinne des Wortes das Puzzle direkt wieder ein – sprich, packt es zurück ins Regal. Oder man wählt kurzerhand ein bekanntes Motiv (Beruf), weil man sich nicht die Zeit dafür nimmt, die vielen Motive oder Puzzleteile richtig zu betrachten und zu ermitteln, was wirklich zu einem passen könnte. So auch bei mir. Als Unternehmertochter bin ich in die Wirtschaft gegangen und habe Betriebswirtschaftslehre studiert und anschließend sogar mein eigenes Unternehmen aufgebaut. Aus heutiger Perspektive hätte ich damals ziemlich sicher etwas anderes gewählt, wenn ich mir die Zeit genommen hätte, in Ruhe die Puzzleteile, die vor mir lagen, zu sichten und zu erkennen, was ich wirklich möchte und wo meine Potenziale liegen.

In meiner heutigen Praxis als Coach erlebe ich so häufig auch bei Klienten, vor allem bei sehr jungen Menschen, dass sie vor lauter Bäumen oft den Wald nicht mehr wahrnehmen und als Reaktion darauf in den völligen Stillstand verfallen. So lauten meine ersten motivierenden Sätze an dieser Stelle: „Es findet sich ein Weg." – „Es gibt immer eine Lösung."

Braucht man nun das Chaos wirklich? Oder doch eher die Ordnung/die Struktur?

Wer kennt ihn nicht, den Spruch „Ordnung ist das halbe Leben"? Mir wurde er von Kindheit ständig eingetrichtert – meist mit der Aufforderung, das Kinderzimmer aufzuräumen. Und das tue ich bis heute noch. War es aber nicht Nietzsche, der seinen Zarathustra sagen ließ: „Man muss noch Chaos in sich haben, um einen tanzenden Stern zu gebären"? Demnach benötigt man also Chaos, um die Kreativität zu beflügeln. Aber eben nicht ausschließlich, wie der Psychoanalytiker und Kreativitätsforscher Rainer Holm-Hadulla sagt. Der meint, allein mit Chaos komme man nicht weiter. Man soll nicht nur Chaos in sich haben, hat er in seinen Forschungsjahren herausgefunden, sondern man braucht auch die Struktur und Gewohnheit, um sich auf das Chaos einlassen zu können. Ordnung ist demnach also doch das halbe Leben.[3]

Folgendes Zitat von Albert Einstein unterstreicht diese Dualität und gegenseitige Abhängigkeit, wie ich finde, sehr gut:

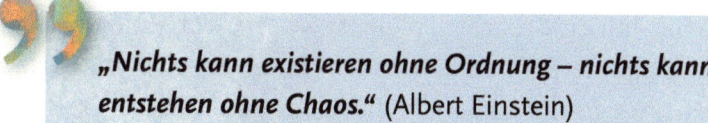

„Nichts kann existieren ohne Ordnung – nichts kann entstehen ohne Chaos." (Albert Einstein)

So brauchen wir neben dem Chaos eben auch die Ordnung.
Diese Ordnung schaffen wir uns von klein auf ganz intuitiv wie mit Puzzleroutinen. Wir puzzeln von Anfang an in unserem Leben. Zuerst mit Bauklötzen. Was passt zusammen? Oder aufeinander? Erste Erfahrungen laufen meist so ab: Turm aufbauen, Turm umwerfen, Turm wieder aufbauen. Oder Bauklötzchen nehmen, in den Mund stecken, wegwerfen. Immer wieder von vorne anfangen.

Neu aufbauen. Ohne Anhaftung, dass etwas bleiben muss. In unbändiger Kreativität einfach neu. Weiterwachsen. Lebendig sein.

Leider werden wir heutzutage bereits im Kindergarten und später auch in Schule und Beruf auf Funktionalität getrimmt. Wir verlieren die Lust am Spiel und damit auch viel Potenzial unserer Kreativität. Puzzelnd können wir sie uns zurückerobern. Das Leben fühlt sich auf einmal ganz anders an. Schön und leicht und frei. Spielfreude = Lebensfreude.

Stelle dir hierzu die folgenden Fragen als Reflexion, um zu erforschen, wie viel Chaos du in deinem Leben zulässt und wie du damit umgehst:

Wo wächst dir etwas gerade regelrecht über den Kopf, herrscht zu viel Unordnung im Außen oder auch in der inneren Gedankenwelt?

Welche Gefühle melden sich hierbei im Einzelnen?

Wie gehst du mit Chaos bisher um?

Wo hast du schon erfolgreich aus dem Chaos gute Lösungen für dich erschaffen können?

Was hat dir dabei geholfen?

Möchtest du etwas verändern zum Beispiel fokussierter sein, aussortieren, mehr Ruhe genießen usw.?

Mein Ausbruch aus der Ordnung, nämlich mein Puzzle während des Lockdowns, wurde an einem Freitag geliefert, passend zum Start ins Wochenende. Ich nahm die Schachtel, ohne zu wissen, worauf ich mich da eigentlich einließ, und schüttete die Teile, wie mein Mann befürchtet hatte, auf den Esstisch und dachte sofort: „Was hast du dir da angetan? Chaos! Wie kriegst du da jemals wieder Ordnung rein? Das wird nie fertig."

Aber schon kam die erste neue Erkenntnis: Wieso bitte sind auf den Rückseiten der Puzzleteile bei einigen Teilen ein A, bei anderen ein B und bei wieder anderen ein C, D und E aufgedruckt?' Letztlich war das meine Rettung. Denn auch vor dem Puzzeln hat der Fortschritt nicht Halt gemacht und uns Sortierhilfen kreiert. Eine neue Ordnung, die ich vorher noch nicht kannte. Ich trat also ein in diese Puzzlewelt, die irgendwie eine Welt in meinem Inneren war, es gab keine Zeit mehr, alles löste sich regelrecht auf. Alles fand sich Stück für Stück zu einer neuen Ordnung. Die Zeit stand für mich still. Irgendwann hörte ich von weit, weit her eine Stimme, die sich wie die von meinem Mann anhörte: „Hey Schatz, wollen wir essen?" „Gleich, gleich ... nur noch eine Minute", sagte ich. Aber es dauerte dann doch noch eine halbe Stunde, bis ich mich aus meiner Puzzlewelt wieder lösen konnte. Obwohl ich noch im Puzzlechaos steckte. Es kann so schön sein, seine Komfortzone im Spielen zu verlassen.

Wir werden in unserem Leben immer wieder in Situationen kommen, in denen wir uns entscheiden und die Weichen teilweise neu stellen müssen. Dies geschieht so oft, dass wir uns hierfür nicht immer einen professionellen Coach als Unterstützer an die Seite holen können. Wir benötigen die Kompetenz, uns selbst zu coachen, wenn wir unser Leben aktiv gestalten möchten. Damit geht eine höhere Selbstverantwortung einher, denn wir brauchen Selbstbewusstsein, um die Entwicklungen zu starten.

Eine Voraussetzung für dieses erfolgreiche Selbstcoaching ist, dass wir die nötige Kraft und psychische Stabilität hierfür besitzen. Wir brauchen sogenannte stabile Zonen, zum Beispiel soziale Beziehungen, die uns Halt geben, oder einen Beruf, der uns erfüllt. Oder Werte und Überzeugungen, die uns als Lebenskompass dienen – dazu später mehr in diesem Buch.

Aus ihnen heraus wächst die innere Kraft, unser Leben aktiv zu gestalten – aus dem Chaos heraus. Entscheidend dabei ist, dass wir uns wirklich auf den Weg machen und den nächsten Schritt gehen. Was soll schlimmstenfalls passieren? Was kann ich gewinnen, wenn ich loslege?

Wenn wir im Chaos sind, ins Ungewisse blicken, keinen Überblick haben ist alles noch möglich, wir befinden uns im Raum der Möglichkeiten und können neue Erfahrungen, neue Erkenntnisse sammeln. Hierin liegt ein unschätzbares Potenzial. Die Kontrolle abzugeben und wachsam und achtsam zu schauen, welche Wege sich finden werden, ist der Zaubermoment jedes Anfangs.

Unsere Kinder sind Meister des Chaos. Sie können das Chaos verursachen, wunderbar mit ihm leben und erfreuen sich an den vielfältigen Möglichkeiten, und dies alles mit einer unbändigen Gelassenheit. Stress ist für Kinder ein Fremdwort. Hiervon können wir Erwachsenen so viel lernen und wieder zu mehr Leichtigkeit zurückfinden. Natürlich brauchen wir eine gewisse Ordnung, aber das Chaos mit Gelassenheit anzunehmen und gleichzeitig mit der inneren

Gewissheit, dass eine Sortierung stattfinden wird, lässt uns regelrecht in die Unordnung hineinentspannen.

Habe daher viel Geduld mit dir selbst und bleibe ruhig in dir. Unser Gehirn muss erst neue Nervenverbindungen bilden, die zunächst noch kaum sichtbare Trampelpfade sind, nach einiger Zeit zu einer Landstraße und schließlich mit mehr und mehr Übung zu einer Autobahn werden. So wird es durch stetige Übung immer leichter für dich werden, aus dem Chaos heraus zu agieren. Um am Ball zu bleiben, stell dir die angestrebte Lösung, das angestrebte Leben, das Puzzlemotiv immer wieder bildhaft vor deinem inneren Auge vor, nimm also die Zukunft gedanklich vorweg. Verbinde dich in deiner Gefühlswelt mit diesem Visionsbild, und erlebe es immer und immer wieder im Voraus. Diese Kraft der Imagination befähigt uns, die äußeren Umstände dem inneren Bild anzugleichen.

Das Puzzle ist hierfür ein wunderbares Lerntool, denn mit jedem neuen Puzzle ist alles neu, man sieht jedoch alle Teile sofort, was sehr herausfordernd sein kann. Du könntest zur Übung mit einem neu gekauften Puzzle zunächst alle Teile zum Start ausschütten und dich an dem ungeordneten Haufen regelrecht erfreuen. Es gibt noch keine erkennbare Ordnung, aber sie wird kommen. Atme mehrmals tief ein und aus und sieh den Puzzleteilstapel als Raum vieler Möglichkeiten. Du hast alles in der Hand bzw. auf dem Tisch. Lasse dich entspannt, ruhig und gelassen auf dein neues Puzzle ein und genieße den Zauber des Anfangs. Freue dich auf den Start und auf das, was du erleben wirst. Jedes Puzzle ist anders mit neuen Herausforderungen und einer neuen unbekannten Sortierung. Wer es lieber ohne Puzzle üben möchte, findet nach diesem Kapitel eine andere Übung. Schreibe dir mindestens 3 Dinge auf, die dir an diesem Puzzle besonders gefallen und auf die du dich freust.

„Egal ob du glaubst, du kannst es, oder ob du glaubst,
du kannst es nicht, du hast immer recht!"
(Henry Ford)

Unsere Erwartung hat einen sehr großen Einfluss auf das Ergebnis. Im Chaos liegt so viel Freiheit und Kreativität, dass wir uns davor nicht scheuen, sondern es vielmehr immer wieder zulassen sollten, um neue Verknüpfungen oder neue Ordnungen zu schaffen. Das Chaos ist also voll in Ordnung. Demnach gehe ran an die Teile! Es wird sich dein Weg zeigen. Sei dir da absolut sicher und vertraue darauf. Gehe mit Klarheit, Gelassenheit und Fokus deinem Ziel aus dem Chaos entgegen und visualisiere deine Zukunft. Mit dieser Vorfreude bekommst du einen wahren Energieschub aus deinem Inneren heraus. Es sind alle Puzzleteile auf dem Tisch, es fehlt nichts – du wirst es schaffen. Tauche ein in dein Abenteuer und starte die Reise.

Mindset Card 3

Alles ist in dir –
ent-wickele dich!

Impulsübung

Chaos im Leben? Keine klare Richtung im Moment? Viele Fragen und wenig Antworten? Dann leg los mit dieser genialen Übung!

Es ist völlig normal, es passiert uns allen von Zeit zu Zeit, dass wir in der heutigen schnelllebigen Zeit überfordert sind von all den Informationen, Terminen und Aufgaben. Bring wieder Kontrolle in deine Schaltzentrale, es ist ganz leicht.

Diese Methode zeigt dir, wie du in 20 bis 30 Minuten wieder zu Klarheit in deinem Kopf kommen kannst.

Schreibe einfach alles auf, was dir im Kopf herumschwirrt: Was muss alles besorgt und eingekauft werden? Welches Buch wolltest du schon längst einmal lesen? Was muss im Haushalt erledigt werden? Was ist im Job alles zu tun? Welches Projekt steht an? Wer könnte unterstützen? Was wolltest du für dich schon längst mal wieder machen? Fotos sortieren? Sport treiben? Ein neues Hobby starten? Ausmisten? Wen möchtest du schon seit Langem endlich mal wieder anrufen, um einfach nur zu quatschen und zu plaudern? Welche Gedanken lassen dich nachts nicht einschlafen? Was hast du im Kopf, wenn du morgens aufwachst? Was hat dich in letzter Zeit verärgert? Was gibt es zu klären?

Du schreibst schon fleißig auf, und die Liste wächst und wächst? Gut so, lasse jeden einzelnen Eintrag zu und schreibe alles auf, was dich beschäftigt.

Mehr und mehr wird dadurch dein Kopf leerer und leerer. Du kannst jetzt erst einmal alles Denken loslassen. Deine Gedanken sind alle sicher aufbewahrt, sie laufen nicht mehr weg oder könnten vergessen werden. Du kannst dich entspannen.

Wann immer du so weit bist, nimm einen Stift – am besten einen roten – und fange an, auszumisten. Betrachte deine Liste und streiche alles weg, was

→ außerhalb deiner Kontrolle liegt und du nicht aktiv beeinflussen kannst,
→ du erst irgendwann in der Zukunft tun solltest,
→ du nur für andere tust und dir persönlich nicht viel bringt, also bei der Erreichung deiner Ziele keine Rolle spielt.

Jetzt sind nur noch Dinge auf deiner Liste, die für dich wichtig sind. Alles liegt in Schriftform vor, ist sichtbar.

Nun bringst du die Punkte in eine Reihenfolge und priorisierst sie entsprechend. An oberster Stelle ist dann aufgeführt, was als Erstes abgearbeitet werden soll. An letzter Stelle steht das, was am wenigsten wichtig ist.

Schnapp dir anschließend einen Punkt nach dem anderen. Was genau musst du dafür tun, um den Punkt erfolgreich von deiner Liste zu streichen? Erfolg kommt von erfolgen, es muss also etwas getan werden. Beginne am besten jetzt! Du kannst vielleicht bereits ganz schnell etwas abhaken wie zum Beispiel eine Rechnung zahlen oder eine E-Mail schreiben. Und schon das wird sich toll anfühlen – du wirst es alles schaffen.

Was aber der enorme Vorteil vom Aufschreiben ist: Du kannst dich auf die jeweils anstehende Sache viel besser konzentrieren. Deine innere Stimme ist ruhig, denn alles andere ist notiert und kommt auch noch dran. Geduld. Deine Gedanken sind geordnet und es besteht Klarheit, was als Nächstes zu tun ist.

Du kannst das Chaos besänftigen, du hast es in der Hand. Du kannst nun entspannter sein, Papier ist geduldig und vergisst nichts.

Versuche es, und du wirst sehen, wie leicht es sein kann.

Platz für deine Gedanken

CHAOS-
Raum der
Möglichkeiten

Vom PERFEKTEN
Chaos
zur
kreativen
ORDNUNG

Sage mehr
JA zum Chaos-
es liefert dir **NEUE**
EINSICHTEN

CHAOS
IN
Maßen
NICHT IN
ÜBERmaßen

Gehe das
CHAOS mit
Ruhe
UND
Entspannung
an.

SELBST IM
größten Chaos
FINDEN
SICH **MUSTER**

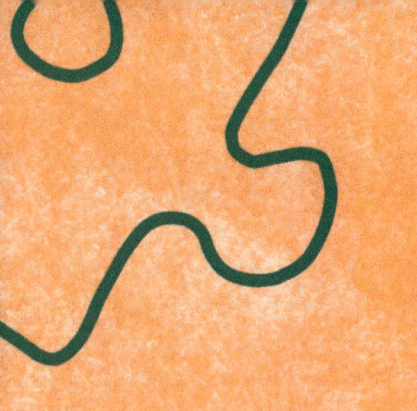

Sichtung für mehr Blick

KAPITEL 4

Sichtung für mehr Blick

Wir erkunden den Puzzlehaufen Stück für Stück. Achten wir vielleicht nur auf das Aussehen, die Farbe? Oder haben wir Vergnügen daran, wie die Puzzleteile aus der Tüte auf den Tisch prasseln? Manche reißen vielleicht die Tüte nur auf und fertig. Dabei geht es jetzt erst richtig los!

Wir stecken die Teile nicht einfach in Schubladen, wie Randteile, einfarbige Teile oder so. Nein, wir schauen genau hin. Wir sichten das Puzzle ausgiebig: Wie sehen die Teile aus? Matt oder glänzend? Wie dick sind sie? Bestehen sie aus Pappe oder Holz? Wie liegen sie in der Hand? Wie fühlen sie sich an?

Was genau aber bedeutet dieses Sichten? Anschauen? Das große Ganze sehen? Per Definition ist Sichten ein in größerer Entfernung Wahrnehmen bzw. überprüfend Ansehen und Ordnen. Also sichten und lichten. Eine größere Menge oder Anzahl unter einem bestimmten Gesichtspunkt prüfend, auswählend und ordnend durchsehen. Bevor sich also eine Ordnung, eine Sortierung findet bzw. wir eine solche finden können, braucht man demzufolge erst mal die Sichtung der Dinge, der Teile. Durch das Sichten bringt man Licht ins Dunkel bzw. in den Haufen.

Jeder Mensch nimmt die Welt durch seinen eigenen Wahrnehmungskanal auf. Jeder von uns hat eine bzw. zwei Priorität(en). Du erinnerst dich? Dies habe ich im vorherigen Kapitel schon kurz ausgeführt. Nun nimm die Sichtung der Puzzleteile als perfekte Übung, mit deinen erkannten Fokuswahrnehmungskanälen bewusster zu arbeiten und dich wieder ein Stück besser kennenzulernen. Also dein Selbst zu erkunden. Das Knistern der Tüte kann beispielsweise bei dem einen eine erste Erwartungsfreude auslösen, ein anderer hört es gar nicht. Für ihn ist der erste Hautkontakt entscheidend, das Anfassen der Puzzleteile. Und mit der ersten Berührung gibt es Klarheit: „Ja, das mag ich" – oder eben nicht. Manche achten hingegen nur auf die Farben und Muster der Puzzleteilchen; kleinen Kindern wiederum ist die Optik egal, sie stecken sie sich ohnehin in den Mund.

Meine Empfehlung: Versuche sowohl im Leben als auch beim Puzzeln wie ein Leuchtturm zu sein. Leuchte alle Teile aus und nimm nicht nur einen Ausschnitt wahr. Lasse deinen Lichtkegel ruhig und entspannt über alles hinweggleiten und versetze dich in einen neutralen Beobachterposten.

Wenn dich das Leben überwältigt, neigst du dazu, in Emotionen zu ertrinken; es erscheint dir alles nicht schaffbar. Versuche, den Leuchtturm zu sehen, der dir Orientierung schenkt und dich immer begleitet. Leuchttürme stehen fest auf dem Boden, laufen nicht wild umher, sind also beständig und stets für dich da. Der Leuchtturm ist ein Gebäude, das meist über Jahrhunderte Stürme und Wellen überstanden hat, und steht als Symbol für Stabilität und Beständigkeit. Von ganz oben erhält man einen wunderbaren Aus- und Weitblick. Sein Leuchtfeuer zählt zu den ältesten Kommunikationsmitteln und Navigationshilfen der Menschheit. Es signalisiert „Land in Sicht", erleichtert die Navigation, bietet Orientierung und dient als Anhaltspunkt für den persönlichen Standort. Dieses Lichtsignal/Leuchtfeuer symbolisiert sowohl Heimathafen und Sicherheit wie auch Freiheit, Weite und Abenteuer.

Jeder von uns hat seinen individuellen inneren Leuchtturm. Aufgebaut auf unserer Persönlichkeit, liefert er die Grundlage für unsere Entscheidungen und Handlungen. Er gibt Stabilität im oft hektischen Alltag unserer heutigen sehr komplexen Welt. Solltest du in einer kritischen Lebenssituation mal nicht deinen inneren Leuchtturm zum Leuchten bringen können bzw. dir mit deiner Wahrnehmung/Beleuchtung nicht sicher sein, dann nimm dir andere Leuchttürme zu Hilfe. Oft können andere Menschen unsere Anliegen, Bedenken, Entscheidungen besser bzw. objektiver durchleuchten, da sie mit Abstand zu uns stehen, vielleicht auch unterschiedliche Sichtweisen/Perspektiven in sich tragen oder weil ihr Scheinwerferlicht anders ausgestattet ist.

Der Leuchtturm steht demnach nicht nur für Orientierung, sondern ist auch ein Wegweiser, der alle Seiten beleuchtet und uns in einem gewissen größeren Radius die Richtung aufzeigt. Er erhellt uns Wege, die wir möglicherweise für verschlossen hielten oder an deren Möglichkeiten wir noch gar nicht gedacht haben.

Du steuerst dein Schiff.
Der Leuchtturm hilft beim Navigieren.

Mir persönlich geht es bis heute noch so, dass ich des Öfteren viel zu schnell loslege, frühzeitig daran glaube, den Weg gefunden und das vermeintlich Wesentliche vollständig erfasst zu haben, ohne jedoch in Ruhe alles angeschaut zu haben. Oft haben wir einfach nicht die Zeit dazu und müssen schnell reagieren. Aber haben wir sie doch einmal, sollten wir uns diesen Freiraum unbedingt nehmen. Denn in der Ruhe liegt die Kraft. Atme tief ein, komme im Hier und Jetzt an und bekomme mehr Klarheit bzw. Überblick für dich. Einer meiner Leitsprüche ist: „Leuchttürme rennen nicht umher und suchen Boote, die sie retten können. Sie stehen einfach da, leuchten und verströmen ihr Licht."[4]

Im Coaching setze ich sehr gerne die Disney-Strategie ein: eine Kreativitätsstrategie, um nützliche Erkenntnisse zum Beispiel bei anstehenden Entscheidungen zu gewinnen und diese aus verschiedenen Perspektiven zu beleuchten. Eine der Positionen hierbei ist die Metaposition. Für mich ist das die Leuchtturmposition. Aus dieser übergeordneten Perspektive wird alles bzw. der ganze Prozess nochmals betrachtet und durchleuchtet. Die anderen Positionen, die wie in einem Rollenspiel eingenommen werden, sind die des Träumers, des Realisten und des Kritikers. So wird die Vision bzw. die umsetzungsfähige Lösung real durchgespielt.[5]

Ich habe die nachfolgend erläuterte Übung schon mehrmals mit einem Coach für mich durchgearbeitet und hieraus sensationelle Erkenntnisse gewinnen können. So ist unter anderem das vorliegende Buch durch diese Übung in seine Entstehung und Umsetzung gekommen. Mein innerer Kritiker und Zweifler hätten es nur zu gerne gestoppt. Aber es ist ihnen zum Glück schlussendlich nicht gelungen. Sonst würdest du dieses Buch jetzt nicht in deinen Händen halten.

So lass deinen Blick langsam über alle Puzzleteile schweifen, fasse sie an, erkunde möglichst viel an Farben, Formen, erkennbaren Motiven und genieße diesen Augenblick. Nimm wahr mit all deinen Sinnen. Alles ist noch unentdeckt und jungfräulich. Denn du hast noch keine Sortierung vorgenommen, noch keine Schubladen aufgezogen, noch keinen Weg eingeschlagen, noch keine Entscheidung(en) getroffen. Lass diese Vorfreude auf dein kommendes Projekt völlig in dich einströmen. Eine chinesische Weisheit besagt: „Schildkröten können dir mehr über den Weg erzählen als Hasen."

Wie schon Hermann Hesse so wunderbar in seinem Gedicht „Stufen" schrieb: „Und jedem Anfang wohnt ein Zauber inne", sollten wir das Zauberhafte des Anfangs jeden neuen Tag, mit jeder neuen Aufgabe und so auch mit jedem neuen Puzzle wahrnehmen und genießen. Jedes Puzzleteil ist einzigartig, und so ist auch jeder Moment in deinem Leben einzigartig und wird so in dieser Form nicht wiederkommen. Sich dessen mehr und mehr bewusst zu werden und diese Freude zu (er)leben bringt so viel mehr Leichtigkeit in dein Leben.

Unsere Erwartung hat einen sehr großen Einfluss auf das Ergebnis. Im Chaos liegt so viel Freiheit und Kreativität, dass wir uns davor nicht scheuen, sondern es vielmehr immer wieder zulassen sollten, um neue Verknüpfungen oder neue Ordnungen zu schaffen. Das Chaos ist also voll in Ordnung. Demnach gehe ran an die Teile! Es wird sich dein Weg zeigen. Sei dir da absolut sicher und vertraue darauf. Gehe mit Klarheit, Gelassenheit und Fokus deinem Ziel aus dem Chaos entgegen und visualisiere deine Zukunft. Mit dieser Vorfreude bekommst du einen wahren Energieschub aus deinem Inneren heraus. Es sind alle Puzzleteile auf dem Tisch, es fehlt nichts – du wirst es schaffen. Tauche ein in dein Abenteuer und starte die Reise.

Mindset Card 4

Stehe fest im HIER & JETZT
und leuchte alles aus!

Impulsübung

„Der Leuchtturm" ist eine Meditation, um Abstand vom Alltag zu bekommen.

Lass dir diese Meditation vielleicht von deinem Partner bzw. einem Freund vorlesen. Oder lade sie dir über den QR-Code ganz einfach von meiner Website runter. Such dir anschließend einen Platz aus, an dem du gut entspannen kannst und völlige Ruhe hast.

Ich lade dich zu dieser kleinen Entspannungsreise ein. Schließe sanft deine Augen, nimm ein paar tiefe Atemzüge. Setz dich in eine entspannte aufrechte Position. Richte deine Aufmerksamkeit nun ganz auf deinen Atem. Atme ein und atme aus. Nimm diesen Vorgang ganz bewusst wahr. Atme ein und wieder aus. Komme mehr und mehr nach innen. Nimm mit jedem Einatmen neue Energie auf und puste mit jedem Ausatmen verbrauchte Energie aus.

Stell dir nun einen Leuchtturm vor, der auf einem Felsen steht, umbrandet von Wellen. Der Eingang befindet sich vor dir. Öffne langsam die Tür. Du stehst vor der Treppe nach oben. Du siehst eine lange, steile Treppe, die sich in vielen Windungen nach oben dreht. Achte dabei gut darauf, wie dein Körper reagiert. Solltest du von ihm das Signal bekommen, lieber zu stoppen, dann vertraue auf dich und deinen Körper und tue das, was er dir sagt. Dein Körper weiß viel besser, was ihm guttut. Vielleicht möchtest du lieber wieder rausgehen oder davor stehen bleiben, dann folge deinem Gefühl.

Nun gehe in deinem Atemrhythmus bewusst und langsam Stufe für Stufe die Treppe nach oben. Du kannst dich dabei am Geländer festhalten, wenn du das möchtest. Es gibt dir vielleicht besseren Halt. Lass Schritt für Schritt mehr und mehr deine Alltagsgedanken zurück. Mit jedem Schritt entfernen sich alle Stimmen, Geräusche, Sorgen, Aufgaben und die Hektik des Alltags. Befreie dich davon, mach dich bereit, etwas Neues zu entdecken. Sei bereit für ein Abenteuer. Es ist, als ob du beim Hochsteigen viele kleine Pakete am Rande der Treppe ablegen würdest. Du kannst sie beim Runterkommen wieder einsammeln. Du kannst dich entspannen. So wirst du von Stufe zu Stufe immer befreiter, unbelasteter, gelassener und ruhiger. Vielleicht auch kräftiger und energetischer. Was auch immer für dich passend ist. Gehe nun eine Weile Schritt für Schritt weiter in deinem Tempo alleine nach oben.

Du bist nun oben angekommen. Die Sonne scheint von draußen in den Turm hinein. Es ist hell und warm an den Leuchtturmfenstern. Du kannst ganz entspannt deinen Blick schweifen lassen und die Welt von oben betrachten. Vielleicht siehst du das Meer, die Strände, Wiesen und Wälder. Oder etwas anderes. Doch alles, was du siehst – wie die Häuser oder die Menschen –, ist weit, weit weg und so winzig klein aus deiner Perspektive. Es ist absolut still. Du genießt den Ausblick, du spürst die warme Sonne auf deiner Haut und die frische Luft. Du atmest diese Frische einige Atemzüge lang bewusst ein und wieder aus. Wo kannst du nun in deinem Körper diese Ruhe und Gelassenheit überall spüren? Vielleicht hast du jetzt einen kühlen Kopf bekommen? Einen frischen Kopf mit frischen Gedanken. Vielleicht gibt dein Blick, der in die Ferne schweift, eine gewisse Klarheit? Vielleicht spürst du es auch eher im Brust- und Bauchbereich? Und du kannst bestimmt aufrechter stehen und besser atmen. Vielleicht ist zudem dein Stand viel sicherer, wenn du so über den Dingen stehst?

Fühle diese Ruhe und Gelassenheit, diese erfrischende Leichtigkeit oder Klarheit und Standhaftigkeit nun in deinem ganzen Körper. Lass diese Gefühle sich nach allen Seiten ausbreiten.

Nimm dir Zeit hierfür und genieße diese Ausstrahlung so lange, bis du das Gefühl hast, völlig entspannt und gleichzeitig erfrischt zu sein.

Finde nun für diese Gefühle, diese Bilder in dir vielleicht ein passendes Schlüsselwort – einen Code, einen Anker, der dich jederzeit wieder an diesen Ort und in diese Gefühle bringen kann, wenn du es brauchst. Solltest du keines finden, bleibe entspannt – vielleicht kommt noch eines, und sonst nimm einfach die Gefühle, deine Bilder, deine Geräusche mit.

Nun kehre langsam mit geschlossenen Augen aus der Entspannungsreise wieder zurück. Fühle bewusst deine Füße, deine Arme, balle leicht deine Fäuste, gib etwas Kraft hinein. Bewege deine Füße. Atme ganz tief ein und wieder aus. Strecke langsam Arme und Beine. Räkle dich. Wenn du so weit bist, öffne schließlich deine Augen. Atme nochmals tief durch. Du bist nun vollkommen zurück in der wachen und realen Welt.

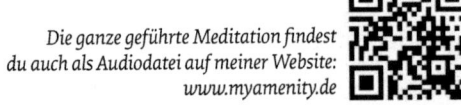

Die ganze geführte Meditation findest
du auch als Audiodatei auf meiner Website:
www.myamenity.de

Platz für deine Gedanken

GENAU HINSCHAUEN -
DEN AUTOPILOTEN AUSSCHALTEN
wie ein *Leuchtturm* sichten

Kein SPIEL ist gleich,
kein Puzzleteil ist wie
das andere,
so ist jeder Moment
einzigartig

UNSERE STÄRKE
liegt in der
Einzigartigkeit

Sei ein
Leuchtturm
für deine
ORDNUNG

Eine bessere
SICHT
verschafft
Klarheit
&
Ordnung

PUZZLE *vibes*

Sortierung schafft Ordnung

KAPITEL 5

Sortierung schafft Ordnung

Nachdem wir gesichtet haben, sortieren wir. Wir legen die Puzzleteile zuerst auf kleine Haufen. Die mit der glatten Kante hierhin, die mit den drei Aussparungen dorthin, die mit den zweien darüber. Oder wir sortieren nach Muster, wahlweise auch nach Farben. Ohne Sortierung kommen wir nicht weiter. Wir müssen eine Vorauswahl treffen, wie auch sonst meist im Leben.

Unser Gehirn lotst uns durch Millionen oder vielleicht sogar Milliarden von Sinnesreizen, checkt ab, sortiert grob, knüpft Verbindungen, sortiert feiner und kommt in allerkürzester Zeit zu Ergebnissen, die unser Verhalten steuern. Diese phänomenale Leistung ist uns jedoch nicht bewusst. Somit können wir uns dabei selbst auf den Leim gehen. Dann bleiben Puzzleteile irgendwo kleben und wir kommen nicht ans Ziel.

Biologen konnten die Effekte des Puzzelns noch nicht zufriedenstellend entschlüsseln. Belegt ist jedoch die dabei vonstattengehende gleichzeitige Aktivierung beider Hirnhälften. Die linke Hemisphäre des menschlichen Gehirns ist für das analytische und logische Denken verantwortlich. Sie wird unter anderem beim Sortieren der Einzelteile stimuliert. Die rechte Hirnhälfte sorgt hingegen für Kreativität, arbeitet intuitiver und wird vermutlich beim Betrachten des ganzen Bildmotivs und beim Finden von Puzzleteilkombinationen angeregt. Die simultane Aktivierung beider Hirnhälften verstärkt die Verbindung zwischen den einzelnen Gehirnzellen in beiden Hirnteilen, wodurch sich deren Effizienz und Kapazität erhöhen. Dies erklärt die positiven Lerneffekte bezüglich Kurzzeitgedächtnis und Konzentration. Studien zeigen, dass unter anderem mathematische Probleme am besten verstanden und gelöst werden können, wenn beide Gehirnregionen zusammenarbeiten.[6]

Wenn wir einen Menschen neu kennenlernen, sortieren wir auch. Aber wie genau sortieren wir? Nach unseren Werten? Nach dem, was uns wichtig ist? Dass er pünktlich ist? Zuverlässig? Oder dass wir uns bei ihm wohlfühlen?

Warum finde ich diesen Menschen interessant? Ganz nach dem Motto: Gleich und gleich gesellt sich gern? Oder gilt eher: Gegensätze ziehen sich an? Was genau zieht mich an dem anderen an? Sein Aussehen? Seine Charakterzüge? Diese Fragen durchleuchte ich in einem späteren Kapitel noch ausführlich. Eines ist klar: In der Gegenwart von uns ähnlichen Menschen fühlen wir uns wohl und sicher. Aber das eher Unbekannte hat auch seine Reize, bringt uns weiter, und wir können viel voneinander lernen. Das Wichtige ist, einen guten Draht zueinander zu finden, und der fällt nicht vom Himmel, den können wir auch aktiv herstellen.

Auch beim Puzzeln lassen wir uns auf etwas Unbekanntes ein, nehmen uns dessen an und gestalten etwas. Ohne darüber nachzudenken, agieren wir automatisch aufgrund unserer erprobten Filtersysteme. Doch da wir sie nun kennen, können wir auch mal variieren, andere Sortierungen ausprobieren, und auf einmal trauen wir uns ganz neue Motive zu. Im übertragenen Sinn: neue Begegnungen, Aufgaben, Herausforderungen. Unser Gehirn kann neue neuronale Verbindungen schaffen und wird auf diese Weise flexibler.

Hierzu ein Beispiel: Typ A bevorzugt es, Informationen der Reihe nach zu verarbeiten, eine nach der anderen, sonst kommt er aus dem Konzept. Diese Vorgehensweise würde jedoch Typ B aus dem Konzept bringen, wenn er denn eines hätte. Er läuft zur Hochform auf, sobald er vieles gleichzeitig tut, bevorzugt den Zufall und den Wechsel anstatt einer ordentlichen Reihenfolge. Man erkennt die beiden Typen beim Puzzeln sofort: Während der eine zum Beispiel erst die Randsteine, dann die Farbe Blau sortiert, fängt der andere dort an, wohin ihn seine Aufmerksamkeit gerade lenkt.

Die Persönlichkeit eines Menschen zu erfassen, ist eine überaus komplexe Angelegenheit und lässt sich alles andere als einfach auf den Punkt bringen. In unserem Alltag ist es jedoch sinnvoll, eigene Verhaltensmuster und „Antreiber" zu kennen und dadurch die der anderen besser einschätzen zu können – für ein besseres Miteinander.

Oft gehen wir durch erlernte Menschenkenntnis vor. Der Haken daran ist, dass man jahrelange Erfahrung benötigt, bis die Einschätzungen ausreichend und zutreffend sind. Wir schätzen Menschen dennoch ständig auf der Basis unserer individuellen Erfahrungen ein. Dies ist ein Urinstinkt des Menschen, der sich kaum abstellen lässt. Mittlerweile gibt es unzählige Persönlichkeitstests, die dies versuchen abzubilden. Es ist aber ein Irrglaube, wenn man annimmt, Menschen wirklich richtig zu erkennen. Eine Landkarte zeigt schließlich auch nur ein bestimmtes Bild und nicht die tatsächliche Landschaft.

Freund oder Feind – kämpfen oder weglaufen? Dafür haben wir Programme, die sich vollkommen unbewusst, also unterhalb unseres bewussten Denkens, im Stammhirn abspielen. Diese limbischen Programme laufen ganz automatisch ab, wie die Neurowissenschaft uns lehrt. Daher ist es uns kaum möglich, andere Menschen und uns selbst ganz neutral und wertfrei anzunehmen. Jedoch kann gelernt werden, diese Bewertungen bewusster auszuführen.

Bist du blau oder grün? Damit ist nicht dein Alkoholpegel oder dein Neidstatus gemeint. Vielmehr kann auf diese Weise eine mögliche Einstufung in Persönlichkeitstypen über das DISG-Modell erfolgen, das auf den Verhaltenspsychologen William Moulton Marston zurückgeht. Hierbei werden vier unterschiedliche Persönlichkeitstypen unterschieden, denen jeweils auch eine Farbe zu sortiert wird. Marston geht von der Annahme aus, dass jeder Mensch Merkmale aller vier Typen besitzt, die aber jeweils unterschiedlich stark ausgeprägt sind. Es sind also vier beschriebene „Idealtypen" – die meisten von uns bilden jedoch einen Mischtyp aus mehreren Farben. Es ist ähnlich wie bei den Wahrnehmungskanälen: Man hat in seiner Persönlichkeit einige Präferenzen stärker ausgebildet und andere eher weniger. Es geht nicht darum, diese zu ändern, sondern diese zu erkennen, um besser mit sich und anderen umgehen zu können.[7]

Dann tauchen wir mal zusammen in die Farbenpracht ein:

Der **rote Persönlichkeitstyp** ist sehr ungeduldig und möchte am liebsten sofort Ergebnisse sehen und erzielen. Ihn zeichnen Attribute wie Willensstärke, Verantwortung, Zielstrebigkeit und Ehrgeiz aus. Entscheidungen werden von ihm oft spontan getroffen. Er ist risikobereit und zögert nicht lange. Konflikten weicht er nicht aus, sondern sucht sie sogar aktiv. Er liebt den Wettbewerb, stellt dabei aber gerne seine eigenen Regeln auf. Analytisches Vorgehen zählt nicht zu seinen Stärken, ebenso wenig wie Dienst nach Vorschrift. Statt auszuführen, gibt er lieber die Kommandos. Das selbstsichere Auftreten kann allerdings dazu führen, dass er auf Mitmenschen rücksichtslos und arrogant wirkt. Diese Typen lieben die Abwechslung und fordern ihre Freiheiten ein. Kurzum: Der rote Persönlichkeitstyp ist *der Dominante* – wozu auch lange um den heißen Brei reden? Top-Führungskräfte sind oft rote Persönlichkeitstypen.

Der **blaue Persönlichkeitstyp** hingegen ist bedacht und trifft seine Entscheidungen nach sorgfältiger Überprüfung aller ihm zur Verfügung stehenden Fakten. Er argumentiert stets sachlich mithilfe von Zahlen, Daten und Fakten. Konflikte vermeidet er. Er liebt logisches Vorgehen, Genauigkeit, Planungssicherheit und hohe Qualitätsstandards. Der „Blaue" ist äußerst fleißig, ausdauernd und konzentrationsfähig. Er hat einen hohen eigenen Anspruch und ist sehr zuverlässig. Er arbeitet lieber allein als im Team. Seine kritische Art kann auf lange Sicht dazu führen, dass er sich isoliert und vor lauter Perfektionismus manchmal die Orientierung verliert. Dann tut er zwar das Richtige, was in dem Moment aber gar nicht wichtig ist. Man bezeichnet ihn als *den Gewissenhaften*, er wird für seine Zuverlässigkeit und Kompetenz sehr geschätzt.

Der **grüne Persönlichkeitstyp** ist deutlich an seiner sympathischen kommunikativen Art zu erkennen. Er ist hilfsbereit und vertraut auf den Rat anderer. Der „Grüne" arbeitet methodisch, organisiert und hört anderen sehr gut zu. Seine Eigenschaften sind Freundlichkeit, Ausgeglichenheit, Hilfsbereitschaft und Besonnenheit. Andere können auf ihn zählen, er ist zur Stelle. Veränderungen steht er jedoch – wegen seines hohen Sicherheitsbedürfnisses – nicht immer offen gegenüber. Er liebt gewohnte Abläufe und ist sehr harmoniebedürftig. Führungsaufgaben überlassen die Grünen tendenziell lieber den anderen. Sie möchten viel lieber eng mit Menschen zusammenarbeiten und sie unterstützen. Nein sagen fällt ihnen alles andere als leicht. Der grüne Persönlichkeitstyp nimmt anderen vieles ab bis zur Selbstaufgabe, was zu viel innerem Stress führen kann. Hin und wieder ist er sehr unentschlossen. Er wird als *der Stetige* bezeichnet.

 Der **gelbe Persönlichkeitstyp** ist kontaktfreudig und kreativ. Er ist sehr an Menschen interessiert und steht gerne im Mittelpunkt. Er ist ein Beziehungsmensch. Seine Hilfsbereitschaft ist so ausgeprägt, dass er oft seine Versprechen nicht halten kann. Er kann gut zuhören, aber nur solange es für ihn von Interesse ist. Der „Gelbe" umgibt sich mit vielen Freunden, Familie und einem großen Netzwerk. Die Anerkennung bei anderen lässt sein Selbstwertgefühl in die Höhe schnellen. Er reißt andere Menschen mit seiner Leidenschaft, Begeisterungsfähigkeit mit und überzeugt mit seinem Charme und Optimismus. Weniger mag er hingegen Detailgenauigkeit und analytisches Vorgehen. Er arbeitet eher unstrukturiert und geht Konflikten aus dem Weg. Man bezeichnet ihn als *den Initiativen*.

Dieses DISG-Modell gibt einen ersten eindrucksvollen Überblick, wie unterschiedlich die Ausprägungen sein können. Wie arbeitet er/sie? Wie verhält er/sie sich? Wer ist nun eher ein roter, grüner oder blauer Persönlichkeitstyp? Oder doch ein gelber? Bist du oder ist dein Gegenüber dominant? Stetig? Initiativ? Oder gewissenhaft? Diese Zuordnung mehr und mehr zu verinnerlichen bzw. anzuwenden, kann vieles in der Zusammenarbeit und in der Kommunikation miteinander leichter gestalten.

Es gibt natürlich auch jede Menge Mischformen zwischen den einzelnen Farben/Typen, die ich jetzt hier jedoch im Einzelnen nicht weiter ausführe.

Bezogen auf unser Puzzle, kann man aus den beschriebenen Verhaltensweisen folgern, dass der rote Typ beim Sortieren nicht lange analysiert bzw. Zeit verliert, sondern mit starkem Selbstbewusstsein und großer Selbstsicherheit einfach mal loslegt. Der grüne wie der blaue Typ hingegen werden nach **der** (optimalen) Sortierweise erst mal einige Zeit suchen, anschließend sehr gewissenhaft und konzentriert alle Teile darin einteilen. Einen signifikanten Unterschied zwischen beiden konnte ich in meinen Meditations-Puzzle-Seminaren öfter wahrnehmen, denn der grüne Typ schaut erst mal bei den anderen Teilnehmern, wie er beim Sortieren helfen kann, und sucht ganz gezielt den Smalltalk. Ganz

anders verhält sich der gelbe Typ: Er braucht schnell erste vorzeigbare Erkennt-
nisse/Ergebnisse und hält sich nicht wirklich lange beim Sortieren auf; er legt
also los und kommentiert seine Ergebnisse seinem Umfeld in epischer Breite
und Lautstärke, aber höchst unterhaltsam.

Jeder dieser vier Typen sollte in keiner Organisation oder Gruppe fehlen und
interessanterweise findet man sie auch fast immer automatisch in größeren
Teams. Alles Sache der Perspektive und Wertschätzung. Man möchte auf keinen
wirklich verzichten – alle sind wichtig.

Wie bereits angekündigt, werden einige einfach lospuzzeln. Und wie wir nun
wissen, zählen diese dann zum roten Persönlichkeitstyp. Doch für die meisten
ist es sinnvoll, erst mal in Ruhe zu sortieren. So wird jeder seine ganz eigene
Sortierung suchen und finden, diese dann im Puzzleprozess immer wieder neu
angleichen und verändern. Vieles ergibt sich erst mit dem Fortschritt des Prozesses, und wir lernen Stück für Stück, die einzelnen Teile einzugruppieren, und
werden immer besser darin.

Viele fangen an, zuerst die Randteile herauszufischen, alle weiteren dann nach
Farben oder Motiven vorzusortieren. Wer mag, kann die farbigen Teile schon so
positionieren, dass sie bereits an der richtigen Ecke oder Stelle liegen. Hier sind un-
terschiedlichste Wege möglich. Viele sortieren in Schalen, dann kann man leichter
zwischendurch zusammenpacken und sich zudem besser auf einen Teilausschnitt
konzentrieren. Die schon eher versierten Puzzler sortieren nach den Puzzleteilfor-
men – eine für mich immer noch völlig unvorstellbare Vorgehensweise. Die vermeintlich einfach herauszusortierenden Randteile bedürfen jedoch auch der Ruhe,
Achtsamkeit und Konzentration. Wie oft habe ich noch mehrmals im Chaoshau-
fen weitere Randteile suchen dürfen, obwohl ich zuvor felsenfest überzeugt gewesen war, alle gefunden zu haben. Durch das wiederholte Sortieren von Puzzleteilen während des Puzzleprozesses verbessern wir unsere Problemlösungsfähigkeit,
denn wir dürfen öfter unsere Strategie und Struktur verändern bzw. anpassen. Je
mehr wir uns mit dem Puzzle beschäftigen, umso mehr lernen wir es kennen und
können immer besser erkennen, wohin die einzelnen Teile gehören.

Du könntest, wenn du ein Puzzle mit diesem Buch oder wann anders startest,
dir ganz bewusst deine übliche Sortierweise vor Augen führen und dir dieses

Mal eine andere Sortierweise vornehmen und ausprobieren. Sozusagen deine Komfortzone verlassen. Vielleicht erkennst du, dass eine andere Art des Ordnens dir später beim Puzzeln eine viel bessere Unterstützung ist. Probiere es einfach aus. Eine weitere Variante wäre, wenn du ansonsten gerne sortierst, genau das Gegenteil zu tun und ohne jede Sortierung zu starten. So gewinnen wir mehr Verständnis für alternative Wege und stärken unsere Kreativität, indem wir das Gewohnte verlassen.

Und im Leben? Wie geht man nun – bereichert mit diesem Wissen – besser mit sich und seinen Mitmenschen um? Mit dem Erkennen des Potenzials eines jeden (zum Beispiel durch das beschriebene Persönlichkeitsmodell) hast du die Möglichkeit, die Wünsche und die wahre Motivation deines Gegenübers leichter zu erkennen. Vermeide bei der Kategorisierung jedoch reines Schubladendenken.

Der Rote möchte, dass ihm kurz und knackig alles vermittelt wird, was er noch nicht weiß. Abschweifungen sind unerwünscht. Gib ihm das Gefühl einer Wahl und er wird sie treffen. Der Blaue braucht viele Daten und Fakten, um dann eine fundierte Entscheidung treffen zu können. Ihn sollte man am besten nicht drängen, gib ihm Bedenkzeit. Der Gelbe wird dir zunächst erzählen, wie wunderbar sein letzter Wochenendausflug war – und da ist es ratsam, ihm in Ruhe zuzuhören. Suche nach Gemeinsamkeiten, über die ihr beide lachen könnt, so bekommt ihr einen lockeren Umgang miteinander. Er lässt sich am besten mit Meinungen und Empfehlungen überzeugen. Dem grünen Typen imponiert man durch echtes Interesse, und sein Vertrauen gewinnt man vor allem durch Taten. Hat man einmal sein Vertrauen gewonnen, wird er ein langfristiger Verbündeter sein.

Spannend, oder? Ich finde es jedes Mal – egal ob im Coaching, Seminar, Verkaufs- oder Freundesgespräch – so faszinierend, den anderen mit seiner Persönlichkeit wie einen Film vor meinem inneren Auge auf einer weißen Leinwand „abspielen" zu lassen und dabei zu erkennen, wie wir am besten in eine gute Verbindung kommen. Vor der Verbindung steht aber erst mal die Sortierung. Probiere es aus und experimentiere mit diesem neu erworbenen Wissen.

Durch das Erkennen der unterschiedlichen Persönlichkeiten kann man sich selbst und andere Menschen besser verstehen und so im Umgang bewusster miteinander umgehen. Was mir guttut und hilft, wird jemand anderem nicht unbedingt helfen. Von sich auf andere zu schließen ist daher nicht sinnvoll. Vielmehr können wir mit diesem Wissen uns ganz gezielt Hilfe holen und so leichter und besser zu Lösungen in unserem Leben kommen.

Mindset Card 5

Erkenne dich selbst und andere, dann bist du in Verbindung.

Impulsübung

Um deine Persönlichkeit weiterzuentwickeln, finde erst mal heraus, wo du jetzt stehst – führe eine sogenannte Bestandsaufnahme mit dir durch.

Nimm dir eine Stunde Zeit, in der du nicht gestört werden kannst, und mache es dir mit Schreibzeug gemütlich. Dann beginnst du, alles aufzuschreiben, was dir über dich selbst einfällt:

→ wichtige Erfahrungen in der Vergangenheit
→ Charaktereigenschaften, die dich auszeichnen
→ Interessen, Hobbys, Leidenschaften
→ Themen, die dich schon lange beschäftigen, Ziele und Träume
→ Unbearbeitetes aus der Vergangenheit

Schreibe deine Notizen erst mal so runter und ordne sie dann den Themengebieten zu. Am nächsten Tag wiederholst du die Übung. Lies dir deine Notizen vom Vortag durch und ergänze. Was fällt dir noch ein? Was siehst du heute vielleicht anders? Welchen Aspekt hast du noch nicht betrachtet? Idealerweise wiederholst du diese Übung eine Woche lang täglich. Sicher kommen dir im Laufe der (wiederholten) Übung schon Ideen, an welchen Aspekten du gerne arbeiten möchtest.

Oder mache ein kleines Spiel. Schreibe dir die vier Persönlichkeitstypen kurz auf ein Papier auf.

→ Rot für dominant
→ Blau für gewissenhaft
→ Grün für stetig
→ Gelb für initiativ

Nun überlege: Welche Farbe(n) würde(n) am ehesten zu dir passen?

Und? Hast du dich in mehreren der vier Typen wiedererkannt? Das ist ganz normal. Kaum einer lässt sich nur ausschließlich einem Typen zuordnen. Im Folgenden sind 20 Charaktertypen aufgelistet, denen entsprechende Farben oder Farbkombinationen zugeordnet werden können:

1. Pionier (rot)
2. Entertainer (gelb)
3. Stabilisator (grün)
4. Perfektionist (blau)
5. Vorreiter (rot-gelb)
6. Tempogeber (rot-grün)
7. Erfinder (rot-blau)
8. Überzeuger (gelb-rot)
9. Harmonisierer (gelb-grün)
10. Stratege (gelb-blau)
11. Spezialist (grün-rot)
12. Helfer (grün-gelb)
13. Bewahrer (grün-blau)
14. Experimentierer (blau-rot)
15. Gutachter (blau-gelb)
16. Denker (blau-grün)
17. Koordinator (gelb-grün-rot)
18. Vermittler (rot-gelb-blau)
19. Designer (blau-rot-grün)
20. Praktiker (grün-blau-gelb)

Wenn du die Unterschiede dieser 20 Persönlichkeitstypen kennst, kannst du dich und andere Menschen noch viel besser einordnen und dein bzw. ihr Verhalten verstehen. Und welcher Typ / welche Farbe(n) bist du? [8]

Platz für deine Gedanken

Jeder ordnet auf seine *eigene Art & Weise*

Dinge/ Gedanken können nach unterschiedlichen **KRITERIEN** ZUSAMMENGEFASST WERDEN.

Aus der SORTIERUNG entsteht eine *Vorgehensweise/* ein **KONZEPT**

Durch die Sortierung entsteht ein besseres und schnelleres *miteinander Verbinden*

SORTIERUNG FÜR *Überblick* UND *Klarheit*

Beim Sortieren nehmen wir die Einzelteile genau in *Augenschein*

PUZZLE *vibes*

Sicherheit in allen Bereichen

KAPITEL 6

Sicherheit in allen Bereichen

Wir Menschen brauchen Sicherheit, eine geschützte Umgebung – einen Rahmen. Auch das Puzzle hat einen Rahmen, und bei der Sichtung haben wir sie vermutlich gefunden: die Teile mit der geraden Kante. Sie bilden den Rand. Viele Menschen streben nach einer Umrandung im Leben und beginnen damit auch im Puzzle.

Auch diejenigen, die behaupten, Freiheit geht ihnen über alles, benötigen Sicherheit dahingehend, dass ihre existenziellen Bedürfnisse erfüllt werden – beispielsweise körperliche Grundbedürfnisse wie Ernährung oder Schlaf/Ruhe und eben ein Heim, sprich: Geborgenheit. Um diese Sicherheit herzustellen, bauen wir uns geistige Konstrukte. Wir glauben an Gott, an die Sterne, an den Aktienkurs oder an was auch immer. Diese Sicherheit ist so immens wichtig für uns, dass wir oftmals nicht auf sie verzichten können, auch wenn wir ahnen, dass wir auf das falsche Pferd gesetzt haben. Wir erhöhen dann eher noch das Tempo, mit dem wir durch die Einbahnstraße weiterrasen.

Beim Puzzeln erkennt man die Einbahnstraße schnell und kann umkehren. Doch jetzt sind wir noch beim Thema Sicherheit ... und die kann auch beim Puzzeln trügerisch sein, so zum Beispiel bei einem Rundpuzzle, wo Teile mit gerader Kante auch in der Mitte liegen können. Das war mir damals bei meinem ersten Rundpuzzle nicht bewusst und brachte mich ziemlich ins Schleudern. Hatte ich falsch sortiert? So etwas kann auch passieren, wenn man Farbnuancen nicht klar erkennt und Rot zu Rot legt, jedoch das eine Rot letztlich doch vom anderen sichtbar abweicht. Das Randteil sieht doch aus wie ein solches, was nun? Meine vermeintliche Sicherheit war mit diesen Gedanken blitzschnell verschwunden – Verunsicherung machte sich in mir breit. Haben wir uns nicht auch manches Problem selbst eingebrockt, weil wir uns gewünscht haben, etwas möge wirklich von Dauer, wirklich sicher sein? Auch die Sicherheit in unserem Leben nach außen ist eine Illusion, darauf gehe ich gleich noch weiter ein.

Eine unserer größten Sehnsüchte ist die nach Sicherheit. Sicherheit ist per Definition ein Zustand, der als frei von unvertretbaren Risiken angesehen wird. Sie entsteht dadurch, dass wir vertraute Situationen und Menschen aufsuchen können, dass wir Gewohntes wiedererleben. Dass wir etwas tun können, das wir beherrschen und uns Spaß macht. Wann dieser Zustand erreicht ist, hängt von den Bedürfnissen eines jeden Einzelnen ab. Sicherheit ist also ein sehr individuelles Gefühl.

Für mich bedeutet Sicherheit, zu wissen, wohin ich gehen will, eine Struktur und Ziele vor Augen zu haben. Des weiteren Menschen um mich herum zu haben, denen ich vertrauen kann, und auch mir selbst zu vertrauen. Vertrauen in mich zu haben: in das, was ich glaube, was mich erfüllt und was ich kann. Durch unsere Entwicklungsgeschichte ist das Bedürfnis danach tief in uns verankert. Wir suchen die Sicherheit in vielen Bereichen – im (Besitz von) Geld, im Beruf, in der Familie, in der Liebe, in Versicherungen usw. – und versuchen, sie dauerhaft herzustellen. Doch bleibt es eine Illusion, dass diese Sicherheit wirklich für immer sicher ist. Das Leben ist ständig in Veränderung und spielt uns viele Streiche. Das berühmte Zitat des griechischen Philosophen Heraklit hat auch nach über zweieinhalbtausend Jahren nichts an Gültigkeit eingebüßt:

> „*Die einzige Konstante im Universum ist die Veränderung.*" (Heraklit)

Wir leben in unserer heutigen Gesellschaft in einem ständigen Wandel – alles ist immer in Bewegung und verändert sich unentwegt. In der Natur können wir dies tagein, tagaus beobachten. Auch dort geschieht Wachstum nur durch den Wandel. So dürfen wir versichert sein, dass es zu unserem Leben dazugehört, einen gewissen Grad an Unsicherheit zu (er-)leben. Wir wachsen daran und entwickeln uns so. In erster Linie brauchen wir aber im Leben das Gefühl der Grundsicherheit, damit wir überhaupt loslegen. Bereits von klein auf haben wir das tiefe Verständnis, nur uns selbst zu gehören und nicht jemandem oder etwas ausgeliefert zu sein. So schützt uns das angeborene Bedürfnis nach Sicherheit und Kontrolle seit jeher davor, von Feinden vernichtet zu werden.

Unser Sicherheitsverhalten wird durch unser Maß an Erfahrungen in den ersten zehn Lebensjahren stark geprägt. Diese Erfahrungen werden wiederum hauptsächlich durch unsere Eltern beeinflusst – manchmal auch nicht förderlich. Unser Gehirn ermöglicht es uns aber, diese „nicht förderlichen" Verhaltensweisen zu korrigieren. Dazu erfährst du noch mehr in den folgenden Kapiteln dieses Buches.

Alle früheren Erfahrungen sind Bausteine, die von den Hirnforschern als sogenannte Autobahnen im Kopf bezeichnet werden. Sie steuern unsere Selbstwirksamkeit und unser Sicherheitsverhalten. Wichtige Aspekte/Ziele, die das Sicherheitsverhalten ein Leben lang beeinflussen, sind zum einen das gebildete Urvertrauen und zum anderen die Überzeugungen bzw. der Glaube daran, etwas bei sich bewirken zu können. Wer zum Beispiel in seiner Kindheit Liebe und Anerkennung nur dann von seinen Eltern bekam, wenn eine gute Leistung erbracht wurde, egal unter welchem Gefahreneinsatz, wird im Erwachsenenleben risikobereiter sein, denn die Anerkennungserwartung ist größer als das Sicherheitsbedürfnis. Wer eine eher überängstliche Mutter hat(te), wird diese ängstliche, vorsichtige Verhaltensweise tendenziell in sein Erwachsenenleben transportieren bzw. übernehmen.

Abraham Maslows Modell der menschlichen Bedürfnisse zeigt den Stellenwert des Sicherheitsbedürfnisses unter anderem sehr gut auf. Die Maslow'sche Bedürfnispyramide ist seit Jahrzehnten weit über die Grenzen der humanistischen Psychologie hinaus bekannt und wird immer wieder herangezogen, wenn es um die eigene Selbstverwirklichung und psychische Balance geht.[9] Die Pyramide versucht – grob umrissen –, die Motivation und die Bedürfnisse des Menschen zu erklären sowie das Zusammenspiel dieser beiden Faktoren. Wird ein Bereich erfüllt, erfolgt somit der Antrieb für den nächsthöheren Bereich. Es baut sich eine Ebene nach der anderen von der Basis aufsteigend zur Spitze in fünf Stufen auf. Die erste Stufe bilden die Grundbedürfnisse wie Essen, Trinken, Schlaf und Wärme. Die zweite Ebene sind die Sicherheitsbedürfnisse wie die berufliche, materielle Sicherheit oder auch der Schutz der eigenen Person. Darauf aufbauend, kommen die sozialen Bedürfnisse wie Familie, Freundschaft und die Zugehörigkeit in Gruppen. Auf Stufe vier sind dann die Individualbedürfnisse wie Geltung, Macht, Freiheit usw. zu finden. Ganz oben steht schließlich die Selbstverwirklichung, in der man eigene Ideen in die Tat umsetzt und wo die Persönlichkeitsentwicklung stattfindet.

Die ersten drei Bedürfnisse bezeichnet Maslow als sogenannte Defizitbedürfnisse, die erfüllt werden sollten. Eine Nichterfüllung könnte nach Maslow zu körperlichen und geistigen Störungen führen, sodass Wachstumsbedürfnisse in weite Ferne ziehen. Die Individualbedürfnisse und die Selbstverwirklichung dagegen sind Wachstumsbedürfnisse. Hieraus kann man schlussfolgern, dass es wichtig ist, die Grundsicherheitsbedürfnisse als Erstes zu befriedigen, um sich wirklich weiterentwickeln zu können und zu wollen. Sprich, ein Dach über dem Kopf, genug Essen oder einen gewissen Lebensstandard zu haben, der es einem erlaubt, Urlaube und Freizeit für sich entsprechend zu gestalten. Haben wir nach außen ein Gefühl von Sicherheit, überträgt sich das auch auf unser Inneres. So sind wir in der Lage, innere Sicherheit zu empfinden.

Wer sich wo auch immer zu Hause fühlt, erlebt sich zugleich als geborgen. Diese Geborgenheit ist eine innere Sicherheit, die durch Schutz, Wärme und das Sich-Wohlfühlen zustande kommt und ein Gefühl von Nähe und Zuwendung in uns erzeugt. Wir haben weniger Ängste und Zweifel und haben durch diese hohe Selbstsicherheit auch mehr Zutrauen zu uns und unseren Fähigkeiten.

Wie kann man innere Sicherheit gewinnen? Wie funktioniert das In-sich-Ruhen? Ich kann aus meiner jahrelangen Erfahrung empfehlen zu meditieren. Tägliche Meditationspraxis kann dir helfen, deinen Ort der inneren Sicherheit immer leichter aufzusuchen und in unsicheren Phasen darauf zurückgreifen zu können. Du lernst dich dadurch auch besser kennen. In der Stille kannst du leichter für dich erkennen, was wirklich wichtig ist und welcher Stimme du wann folgen solltest/möchtest. Denn unsere inneren Stimmen plappern ansonsten pausenlos und ohne Kontrolle drauflos. Möglicherweise ist die Stimme der inneren Sicherheit aber nicht immer die beste Wahl. Denn neben Meditation können auch autogenes Training, Ausdauersport, schöne Erlebnisse, wohltuende Orte, soziale Netzwerke und vieles mehr entsprechende Ladestationen für innere Sicherheit sein.

Versuche stets, auch die Zeiten der Unsicherheit zu genießen. Wieso? Diese Zeiten gehören in unserem Leben genauso dazu wie die Zeiten der Sicherheit.

Lerne, das Beste aus ihnen herauszuholen, sie als eine Lektion zu verstehen. Dadurch wirst du an den Erfahrungen wachsen und immer mehr in deine eigene innere Sicherheit gelangen. Nach jedem Tief kommt ein Hoch, nach jedem Winter kommt ein Sommer – lasse diese Schwankungen zu und du wirst merken, wie es dich entspannt.

Wir wachsen nur, wenn wir aus der Sicherheitszone heraustreten, sie verlassen. So entfalten sich unsere Bedürfnisse, Gefühle und Handlungen in dem Spannungsverhältnis zwischen Sicherheit und Wagnis. Immer wieder stehen wir sowohl im privaten wie auch im beruflichen Umfeld vor der Wahl, müssen Entscheidungen treffen: Soll ich den sicheren, erprobten Weg gehen oder eine mit Risiko behaftete Route einschlagen, die gleichzeitig ein großes Erfolgspotenzial hat? Ein zu starkes Sicherheitsbedürfnis wird uns eher einschränken und uns am Weiterkommen hindern. Dabei ist es wichtig, Vertrauen in sich selbst und gegenüber dem Leben zu haben.

Wenn wir diese Unterschiede wahrnehmen und zulassen, dann können wir mit der Zeit wieder dem Fluss des Lebens vertrauen. Dieser kann eine große Sicherheitsquelle sein – insbesondere in turbulenten Zeiten in der Gewissheit, dass nach turbulenten Zeiten wieder ruhige kommen.

Vertraue dem Prozess bzw. dem Lebensfluss.

In meinen Coachings benutze ich auch hierzu oft das Symbol des Leuchtturms, der selbst im größten, stärksten Sturm stehen bleibt und weiter vor sich hin leuchtet. So erläutere ich meinen Klienten, den Sturm abzuwarten, die gegenwärtige Situation hinzunehmen und sich auf die kommende ruhigere See zu freuen. Er vermittelt zudem Sicherheit, denn durch sein Leuchten gibt er Orientierung, worauf man sich stets verlassen kann. Der weite Blick, den man von oben gewinnt, ist wie ein Ausblick auf bessere Zeiten am Horizont. Der Leuchtturm kann daher nicht nur symbolhaft für die Sichtung stehen, sondern mit einem Perspektivenwechsel auch für das Thema Sicherheit.

Wie viel Sicherheit brauche ich nun? Und welcher Typ war ich doch gleich wieder – blau, grün, rot oder gelb?

Wo fehlt mir noch die notwenige Sicherheit, um nächste Schritte zu gehen und die Komfortzone zu verlassen?

Hier ist es wichtig, einen eigenen Weg für sich zu finden, denn jeder tickt anders und braucht einen anderen Level an Sicherheit, um in seine Prozesse zu kommen. Gehe liebevoll mit dir um und sorge für die Sicherheit, die für dich momentan notwendig ist – in Hinblick auf dein nächstes Tun.

Kommen wir thematisch zum Puzzle zurück: Beim Puzzeln wird der Sicherheitsexperte höchstwahrscheinlich mit dem Rahmen beginnen, denn der gibt ihm im wahrsten Sinne des Wortes den Rahmen, sprich, verleiht die Sicherheit für die weiteren Verbindungen. Daran kann man anknüpfen und hat weniger das Risiko, neu starten zu müssen bzw. die Orientierung zu verlieren. Erst mal die vier Ecken legen. Das setzt Bezugspunkte und gibt Sicherheit. Der eher risikobereite Typ hält sich nicht mit den Randteilen auf und fängt an – egal wo. Unabhängig davon, welche persönlichen Ausprägungen wir haben, herrscht beim Puzzeln absolute Sicherheit, dass alles zum Erreichen des Bildes vorhanden ist. Auf diese Weise können wir uns jederzeit mit dem Kartonbild einen Sicherheitsüberblick verschaffen. Der Sicherheitsexperte (grün) kann sich also entspannen. Durch unsere Sichtung und Sortierung kann zusätzlich mithilfe von Vorschaubild und Rahmenstart ein Punkt mehr auf unserer Sicherheitscheckliste erfolgreich abgehakt werden.

Wie würdest du nun anfangen? Versuche, beim nächsten Puzzle – vielleicht puzzelst du ja auch parallel mit – doch einfach mal, anders zu starten. Vielleicht mit der Mitte? Oder einem Teilbereich? Traue dich, mal andere Pfade zu gehen.

Doch warum fangen trotzdem fast alle mit dem Rahmen an? Sind Puzzler eher nicht so risikobereit und wollen lieber auf Nummer sicher gehen? Diese Frage stelle ich mir immer wieder in meinen Puzzleseminaren. Ich habe bislang nur einige wenige Teilnehmer erlebt, die anders gestartet sind. Vielleicht hängt es auch mit erlernten Verhaltensweisen zusammen, dass selbst der Risikofan hier eher automatisch den bekannten, bewährten, also sicheren Weg geht.

Während des Puzzelns meldet sich häufig ein Unsicherheitsgefühl bei einem, ist das fehlende Stück wirklich mit dabei? Wie geht es weiter? Ich stecke fest? Es reicht, nur einmal die Erfahrung gemacht zu haben, dass ein oder mehrere Teile fehlen oder in sich einen Grad an Unsicherheit zu tragen, und schon zweifeln wir, fühlen uns unsicher, bis das letzte Teil auch seinen Platz gefunden und sich alles gefügt hat. Das Puzzle ruft dieses Gefühl sehr sicher in uns hervor und wir können es in Ruhe betrachten und erforschen, denn das Puzzle liegt geduldig weiter auf seinem Platz. Beruhige diese Emotion, indem du dir versicherst: Es ist alles sicher, was soll schon passieren?

Gesundes Misstrauen ist angeboren und Teil der menschlichen Natur. Es war oft überlebenswichtig, misstrauisch zu sein, um die eigene Sicherheit zu gewährleisten. Aus einem eher ungesunden Misstrauen heraus entstehen negative Auswirkungen in unserem Verhalten als Schutzmechanismus wie Kontrolle, Neid, Eifersucht, Sorgen, Zweifel, Stillstand usw., die uns in unserer Entwicklung blockieren. Ein starkes Urvertrauen und inneres Sicherheitsgefühl sind lebensnotwendig für ein glückliches Leben.

Beim Lebenspuzzle gibt es kein fertiges Vorschaubild und auch keinen festen Rahmen. Der Rahmen wird eher immer mehr und mehr wachsen mit unseren Erfahrungen, die wir im Leben sammeln. Wenn wir nach Sicherheit streben, möchten wir womöglich ihr als Erstes einen Rahmen geben. Wir konzentrieren uns dabei auf die Randstücke. Doch manchmal stecken wir den Rahmen zu eng. Dann fehlt der Raum für unsere Träume, Sehnsüchte, Leidenschaften, Ideen, für die Beziehungen zu lieben Menschen oder einfach nur zum Sein. Gelegentlich stecken wir den Rahmen auch zu groß. Dann überfordern wir uns damit, den Bereich darin mit Leben zu füllen, und haben vielleicht das Gefühl, nie gut genug zu sein, das Leben zu verpassen. Je nach Veranlagung können wir dafür auch Schuldige suchen: die Eltern, die Partner, die Sterne, die Politiker, wen oder was auch immer. So übersehen wir, dass wir unser Leben puzzeln, nicht irgendwer macht das, sondern wir selbst! Das zu erkennen, die Verantwortung für das eigene Leben zu übernehmen, kann schmerzhaft sein. Doch es ist die einzige Möglichkeit, wirklich anzukommen in seinem eigenen Leben – und dann hoffentlich glücklich zu werden.

Wir werden unsere Persönlichkeitsstruktur nicht grundlegend ändern, aber an ihr arbeiten und somit neue Wege gehen können. Sie vom Trampelpfad zu unserer individuellen Lebensstraße werden lassen. So lasse die Kontrolle mehr und mehr los und lasse das Leben geschehen. Mache Fehler, wachse an ihnen und verlasse deine Sicherheitskomfortzone. So kommst du zu mehr Glück, Freiheit und in deine persönliche Entfaltung. Lerne, die Unsicherheiten anzunehmen und mit ihnen umzugehen. Wahre Sicherheit kommt nur aus uns selbst heraus, aus dem Inneren.

Mindset Card 6

Auf den Wellen des Lebens surfen.

Impulsübung

Unsicherheit verwandeln wir, indem wir unser Bewusstsein erweitern sowie Vertrauen und Sicherheit im Inneren aufbauen. Diese kurze Meditation soll dir ein effektives Werkzeug dafür sein. Du kommst dabei mit deiner Liebe in Kontakt, die dir Vertrauen, Gewissheit und innere Sicherheit schenkt – und zwar über die Grenzen deiner Gedanken und Emotionen hinaus. So machst du dich unabhängig von Zweifeln oder Ängsten und fühlst dich absolut sicher.

Schließe deine Augen und erinnere dich an einen Moment, an dem du dich völlig sicher und geborgen gefühlt hast. Vielleicht, wenn du am Vorabend im Bett gelegen hast oder am Sonntag auf der Couch. Oder als du an deinem Lieblingsurlaubsort warst. Spüre, wo du dieses Gefühl von Sicherheit in deinem Körper wahrnehmen kannst. Möglicherweise ist es ein wohliges Gefühl in deinem Bauch, oder deine Herzregion wird ganz warm. Atme bewusst dorthin mehrmals ein und aus, entspanne dich dabei mehr und mehr. Das ist dein eigener, persönlicher Ort der inneren Sicherheit. Nimm den Ort mit all deinen Sinnen wahr: Was kannst du sehen? Was kannst du spüren, riechen, fühlen, hören? Tanke dieses wunderbare Wohlfühlgefühl auf und bade dich darin wie in einem Entspannungsbad.

Versuche in den nächsten Tagen, dieses Gefühl immer mal wieder wahrzunehmen und dich so in einen entspannten Zustand zu bringen. Es fällt dir jedes Mal leichter, darauf zuzugreifen, wenn du es gebrauchen kannst. Probiere es aus.

Platz für deine Gedanken

Es ist alles da-
alle Lösungen sind in dir -
ALLE PUZZLETEILE
sind in der
BOX

Wahre Sicherheit
kommt nur aus uns
SELBST
HERAUS

Das Leben
IST STETIGE
Veränderung

Gewinne Ortskenntnis
auf deiner Landkarte -
bewege dich

OHNE
SICHERHEIT
keine
Veränderung

Stärke
deine *innere*
SICHERHEIT)))

Mit der
inneren
Sicherheit
sicher durch
ÄUSSERE
VERÄNDERUNG
KOMMEN.

PUZZLE *vibes*

Verbindung macht uns stark

KAPITEL 7

Verbindung macht uns stark

Und dann ist es endlich so weit: Zwei Teile werden zusammengelegt. Und wie fühlt sich die erste Verbindung an? Dieser erste „Klick zum Glück"? Ja, hier ist schon Glück im Spiel, wenn man inmitten von tausend Teilen zwei findet, die zueinander passen.

Manchmal weiß man schon seit Langem, dass es diese beiden sein werden, hat aber trotzdem noch gewartet, bis die Rahmenbedingungen stimmen. Vielleicht mit Kerzen oder Musik? Oder hat es doch sofort gefunkt? Wo beginnt es? Am Rand wie bei einer flüchtigen Begegnung? Oder gleich in der Mitte, weil hier vielleicht eine Farbe hervorsticht? Ist es ein vorsichtiges Herantasten oder ein entschiedenes Vorgehen getreu dem Motto: So und nicht anders! Lässt es Raum für einen Irrtum oder muss es so sein? Und wenn der Start der Rand sein sollte: Welcher? Beginnen wir unten an der Basis oder oben am Himmel?

Die Sehnsucht nach Gemeinschaft hat evolutionäre Ursprünge, ist tief und fest verankert in uns. Wir brauchen doch ab und zu ein Gegenüber als Korrektiv, den Spiegel eines anderen als emotionalen Sicherheitsanker. Unser Gegenüber zeigt uns, dass wir existieren und etwas bewirken können. Mein Gegenüber prägt mein Ich, welches sich von dem Gegenüber-Ich abhebt. Mit dem Vergleich kann sich eine menschliche Identität entwickeln und das nicht nur in der Kindheit, sondern im Laufe des gesamten Lebens.

Wir Menschen wollen stets in Verbindung zueinander sein und sind als soziale Wesen sogar regelrecht auf die Zusammengehörigkeit angewiesen. Wir könnten ohne den Kontakt zu anderen Menschen nach der Geburt nicht überleben. Die Bindung zur Mutter und später dann zu anderen Bezugspersonen ist enorm wichtig für die gesunde Entwicklung eines Kindes. Die Bindung stellt nicht nur das notwendige Gefühl von Sicherheit, Geborgenheit und positivem Lebensgefühl her, sondern macht auch das Erlernen wichtiger Verhaltensweisen und Fertigkeiten erst möglich. Ob in Familien, Nachbarschaften, Vereinen oder im Berufsleben – wir brauchen eine Gemeinschaft, um uns weiterentwickeln zu können. Neben der sozialen Integration findet über die Bindung auch die Identitätsfindung statt: Wer bin ich? Wo gehöre ich hin? Dies finden wir nur heraus, indem wir uns in Beziehung zu anderen setzen und daraus lernen. Der Mensch „für sich allein" sei nur ein „verlassener Robinson", schrieb Arthur Schopenhauer. „Nur in der Gemeinschaft mit den anderen ist und vermag er viel."

Wir können uns ein Gegenüber auch selbst zum Beispiel mithilfe eines Buches erschaffen, wenn wir alleine sind. Der Psychoanalytiker Hans-Jürgen Wirth sagte einst: „Liest man ein Buch, tritt man in Dialog mit dem Autor, er ist das Gegenüber. In Gedanken versunken, spiegele man – oft unbewusst – Erfahrungen mit Menschen wider."[10] Unser Hirnstamm, der entwicklungsgeschichtlich älteste Teil des Gehirns, ist unter anderem für unsere Sehnsucht nach Verbindung verantwortlich. Er regelt die Basisfunktionen wie Atmung oder Verdauung, aber auch das menschliche Bedürfnis nach Anschluss. Diese tief liegende Hirnregion hat größeren Einfluss auf uns als die Großhirnrinde, die eher logisches und bewusstes Denken steuert. Neueste neurobiologische Studien zeigen zum Beispiel die Erkenntnis auf, dass wir in unserer Gesamtmotivation nicht nur zum Konkurrenzdenken neigen, sondern vor allem von Kooperation angetrieben werden. Hierfür sind aus neurobiologischer Sicht die sogenannten Dopamin-, Oxytocin- und Opioide-Nervenachsen im Gehirn verantwortlich. Diese kooperieren miteinander und sorgen durch die Ausschüttung von Botenstoffen für Motivation, Konzentration und Vertrauensbildung in den Emotionszentren. „Nichts aktiviert die Motivationssysteme so sehr, wie der Wunsch, von anderen gesehen zu werden, die Aussicht auf soziale Anerkennung, das Erleben positiver Zuwendung und – erst recht – die Erfahrung von Liebe", so die Aussage von Joachim Bauer, Neurobiologe aus Freiburg, in seinem Buch *Prinzip Menschlichkeit*[11]. Wir streben demnach nach einem Wir-Gefühl, und dieses ist nach der Selbstbestimmungstheorie der Psychologen Edward Deci und Richard Ryan sogar ein notwendiges Grundbedürfnis. Soziale Beziehungen sind für uns also essenziell für ein erfülltes Dasein. Sicherlich könnten wir auch allein leben, aber fühlen wir uns damit auch glücklich?

Mit wem gehen wir nun eher eine Verbindung ein? Bei wem fühlen wir uns wohl? Es gibt Menschen, die sich prinzipiell von Gleichem angezogen fühlen.

Gleich und gleich gesellt sich eben gern, wie ein altes, sehr bekanntes Sprichwort so schön besagt. Auf andere trifft wiederum eher ein zweites bekanntes Sprichwort zu: Gegensätze ziehen sich an. Hierzu gibt es unzählige wissenschaftliche Studien, die entweder das eine oder das andere oder beides versuchen zu belegen. Ich möchte an dieser Stelle nicht weiter darauf eingehen, da die Vielschichtigkeit diesbezüglich nur verwirren würde. Für dieses Buch ist relevant zu wissen, dass es beides gibt und auch beides funktioniert: in Partnerschaften, Freundschaften wie auch Gruppen/Teams. So kenne ich sowohl Paare, die sich gleichen, als auch andere, die in Bezug auf Unterschiedlichkeit glänzen, und doch pflegen beide Seiten eine lange intensive Partnerschaft. Kannst du solche Verbindungen in deinem sozialen Umfeld auch wahrnehmen?

Für mich persönlich unstrittig ist jedoch bei allen Möglichkeiten die Aussage, dass die Übereinstimmung von Werten und Moral entscheidend für eine langfristige Verbindung ist. Zudem fühlen wir uns tendenziell zum Gewohnten, zum uns Ähnlichen hingezogen, da wir hierzu zunächst mehr Vertrauen haben. Je ähnlicher uns andere Menschen sind, desto eher schenken wir ihnen Vertrauen und desto eher sind wir bereit, mit ihnen zu kooperieren. Eine mögliche Erklärung für dieses Phänomen ist, dass die meisten von uns ein sehr positives Bild von sich selbst haben und sich als überdurchschnittlich vertrauenswürdig einschätzen. Wenn uns jemand sehr ähnlich ist, muss er oder sie folglich auch vertrauenswürdiger sein. Und dann kennen wir doch alle solche Momente mit jenen Personen, bei denen unser Herzschlag beim ersten Treffen in die Höhe schnellt, man wie auf einer Wellenlänge schwebt. Mit ihnen beginnen oft die besten Freundschaften unseres Lebens oder eine unerwartete intensive Liebe. Dieses Phänomen ist nicht vollständig erklärbar, aber es ist ein Fakt, auch wenn uns hierbei eher die Intuition leitet.

Diese Menschen für uns zu finden, ist häufig nicht einfach. Wenn wir sie aber gefunden haben und diese magische starke Verbindung spüren, sind wir glücklich, fühlen uns sicher und geborgen. Mit Offenheit, Vertrauen und Ehrlichkeit finden wir sie, diese tiefen Verbindungen. Wir werden es dann in dem Moment mit unserem Herz spüren und im Gehirn wissen – ganz sicher. So erging es mir beispielsweise damals, als ich meinen Mann ein Jahr vor unserem Abitur getroffen habe. Ich sprach ihn in der Aula einfach an, und er ließ seinen schwarzen ledernen, leider nicht allzu leichten Koffer vor Schreck, von mir angesprochen zu werden, auf meinen Fuß sausen. Bäng. Ein Blick, zwei gleichschwingende Herzschläge. Es war um uns geschehen und das seit nunmehr über 35 Jahren.

Und beim Puzzle? Das Puzzle strebt auch nach Verbindungen. Es kann dadurch erst in seine Vollkommenheit, in seine Realisierung gelangen – denn die Einzelteile allein ergeben noch kein Ganzes. Durch den ersten Klick empfinden wir ein Gefühl der Freude: eben Glück. Dieses motiviert uns, weiterzumachen, mehr Verbindungen einzugehen und Fortschritte zuzutrauen. Aus jeder Verbindung nehmen wir Erfahrungen mit und können diese gelernten Muster auf andere Teile transportieren – wie im Leben. Beim herkömmlichen Puzzle verzahnen sich die einzelnen Teile ineinander, weshalb die Verbindungsteile stets unterschiedlich sind. An der Stelle, wo die Einbuchtung bei dem einen Teil ist, hat das passende andere Teil seine Ausbuchtung. Somit entsteht der Klick hier durch die Unterschiedlichkeit. Hinsichtlich der Färbung der beiden zusammenpassenden Teile können verschiedene Varianten möglich sein. So kann beispielsweise Himmelblau zu Himmelblau passen oder Himmelblau zu Himmelblau mit Wolkenweiß. Hauptsache, das Ergebnis stimmt. Teilweise passen sogar scheinbar farblich völlig unterschiedliche Teile zueinander. Nur ein kleiner Minirand lässt dann erahnen, dass an dem himmelblauen Teil der gewünschte Klick zu finden ist. Jedes Schloss hat seinen passenden Schlüssel. Wir brauchen nur Ruhe und Achtsamkeit, um ihn jeweils zu finden. Alle Puzzleteile sind wichtig und jedes einzigartig, aber für das eine Teil bist alleine du die richtige Verbindung.

„Für die Welt bist du irgendjemand, aber für irgendjemand bist du die Welt." (Erich Fried)

So ist es auch im Leben. Es braucht viele Begegnungen, aber nur mit einigen davon gehen wir in eine tiefere Verbindung. Auch beim Puzzeln finden wir vermeintlich zusammengehörige Teile, die dann aber doch nicht zueinander passen. Wir können es kaum glauben und versuchen mehrmals, sie zusammenzubringen, aber ohne Erfolg. Gleiches passiert im Leben: Wir treffen oft und immer wieder in unserem Leben auf Menschen, bei denen wir glauben, die Verbindung passt, und stellen erst im Laufe der Zeit fest, dass dem nicht so ist. Wir verändern uns dank unserer Entwicklung, und so kann es durchaus sein, dass sich auch Verbindungen verändern und irgendwann nicht mehr für uns stimmig sind. Dann ist es Zeit, loszulassen und sich neu zu orientieren. Wir dürfen darauf vertrauen, dass es neue für uns gibt und wir sie finden werden.

An dieser Stelle möchte ich gerne ein Puzzleerlebnis von mir mit dir teilen. Ich puzzelte damals ein Papppuzzle aus ziemlich dünner Pappe – diese hätte zwar auch dicker sein können, es wäre aber trotzdem passiert. Ich hatte fast eine halbe Stunde lang auf zwei Teile, die vor mir auf dem Tisch lagen, gestarrt, weil ich dachte, sie müssen einfach zusammenpassen. Es war doch ganz offensichtlich. Ich versuchte immer wieder, die beiden Teile ineinanderzustecken, und – klack – hatte das eine Teil plötzlich eine unverkennbare Knickkante bekommen. Mancher Puzzleprofi unter euch wird jetzt bestimmt die Stirn runzeln. Nun war anhand des Knicks unverkennbar, was ich erfolglos versucht hatte. Diese Kante erinnerte mich beim ganzen Puzzleprozess immer wieder daran, dass man Dinge, die nicht zusammengehören, nicht zusammenbringen kann. Es soll/darf/muss leicht gehen in jeder Verbindung. Mit Druck oder Kraft funktioniert es eben nicht. Eine wunderbare Lebenslektion. Wir lernen nie aus, und hier war für mich ganz deutlich zu erkennen, dass der Puzzlevorgang das Leben im Kleinformat so gut abbilden kann. Es sollte stets leicht sein, eine Verbindung einzugehen, so ist es im Leben wie beim Puzzeln. Wir können Unpassendes nicht passend machen. Öffnet sich eine Tür für uns nicht leicht, ist es wahrscheinlich nicht unsere Tür. Schließt sich eine, öffnet sich eine andere. Es gibt so viele andere Türen im Leben, wir müssen sie allerdings aktiv suchen.

Manchmal haben wir Teilfragmente gepuzzelt, die dann im weiteren Verlauf nicht an die richtigen Stellen passen, oder wir erkennen, dass ein Teil eigentlich ganz woanders hingehört und daher die zugeordneten Bereiche auch nicht mehr passen. Die Verbindung einzugehen, ging zwar vermeintlich leicht, aber es war dann doch nicht das richtige Teil. Dann sollten wir uns unser Lebenspuzzle genauer anschauen. Wo steckt der Fehler? Ist das eigentliche, richtige Teil doch woanders einsortiert? So kann es vorkommen, dass einzelne Teile wieder auseinandergenommen werden, um das große Ganze zu realisieren.

Das Puzzle kann uns deutlich zeigen, dass es manchmal nicht wichtig ist, direkt zu wissen, wohin fertig gepuzzelte Teilbereiche gehören, sondern diese erst mal liegen zu lassen und abzuwarten, bis mehr Klarheit besteht, wo sie hingehören. Dann können mit einem Mal sehr zügig große miteinander verbundene Bereiche entstehen, die dich deinem Ziel schnell näherbringen und Freude bereiten.

So schau mal, wenn du puzzelst, dass du nicht unbedingt an dem einen Verbindungsstück weiterarbeitest, obwohl sich kein passendes Puzzleteil finden will, sondern sich dir bietende andere Puzzleteilverbindungen zusammenzusetzen. Und dieses Puzzleteil gegebenenfalls an der Seite für später liegen zu lassen. Irgendwann kommt die Erkenntnis, wohin es passt, und deine Vorarbeit kann seine Früchte tragen.

Dies kann auch immer wieder auf das Leben bezogen werden. So sind manchmal Personen, Jobs oder Handlungen die vermeintlich richtigen Teilschritte für unsere gedachte Zielerreichung. Auf dem Weg dahin erkennen wir aber, dass dem nicht so ist. Also lass los und suche neue Verbindungen. Wie du jetzt weißt, soll es leicht gehen. Sonst ist es nicht passend. Solltest du auf die eine oder andere Person treffen, von der du dich angezogen fühlst, aber noch nicht weißt, wofür dir dieser Kontakt dienlich sein kann, gehe trotzdem in die lose Verbindung. Es kann später hieraus eine für dich wichtige Beziehung entstehen, so wirst du zum Netzwerker.

Am Anfang unter den vielen noch nicht gepuzzelten Teilen seine jetzt gerade passenden Stücke zu finden, ist nicht leicht. Aber je mehr Puzzleteile ihre Stelle gefunden haben, desto zielsicherer werden wir in unseren Verbindungen. So ist es im Laufe unseres Lebens auch. Mit zunehmendem Alter wissen wir immer besser, wer oder was zu uns und unserem Lebenspuzzle passt. Wir sind weiser geworden durch unsere Erfahrungen, durch die wir auch lernen konnten. So gibt es nicht mehr tausende Möglichkeiten wie am Anfang unseres Lebens. Genauso wie zum Start unseres 1000er-Puzzles auch.

Jedes gefundene Einzelteil, das in Verbindung geht, kann als Erfolg gewertet werden. Das Gehirn schüttet hierbei Dopamin (das Glückshormon) aus, das uns unter anderem bessere Laune und gesteigerte Konzentrationsfähigkeit beschert. Dopamin funktioniert wie ein Belohnungssystem: Der Körper honoriert sinnvolle Tätigkeiten mit der Produktion dieses Glückshormons, was uns zum Weitermachen motiviert.

Leider gehen uns im Gegensatz zum Puzzle im wahren Leben manche Verbindungen im Laufe der Zeit aber auch mal verloren, ohne dass wir darauf Einfluss haben. Zum Beispiel durch Krankheit, sich Auseinanderleben, Tod oder viele andere Möglichkeiten. Dann suchen wir meist wieder, halten Ausschau nach neuen Verbindungen, auch wenn es uns alles andere als leichtfällt, die alten Verbindungen ziehen zu lassen. Jede Verbindung auch die, die sich wieder löst, schenkt uns Erfahrungen und Lernlektionen, die uns im Leben bereichern. So finde ich den Satz so passend, dass es keine zufälligen Begegnungen gibt, sondern jeder Mensch ein Test, ein Geschenk oder eine Lektion für uns ist.

Die größte Angst beim Puzzeln ist und bleibt der Gedanke: Sind wirklich alle Teile im Karton? Hoffentlich verliert man zudem kein Teil während des Puzzelns. Wie oft fand ich schon einzelne Puzzleteile unversehens an Stellen, wo ich niemals danach gesucht hätte, oder wie oft hatte meine Staubsaugerdüse schon Kontakt mit einem einsam verlassenen Puzzleteil unterm Teppich. Horror. Bekommen wir den Verlust nicht mit, erhalten wir erst am Ende des Puzzles die Gewissheit, dass das eine oder andere Teil fehlt. So ist es auch im Leben. Viele Menschen fragen sich am Ende ihres Lebens: „Was hätte ich noch tun oder erleben wollen?" Mit dem Wissen daraus geht eine andere, sehr wichtige Unsicherheit einher: Ist dadurch das ganze Puzzle, unser ganzes Leben infrage zu stellen? Ist es nur vollkommen vollständig, nur dann perfekt, wenn alle Teile an Bord sind, wir alles erlebt haben, was wir gerne möchten? Eine philosophische Frage, die sich hier jeder selbst beantworten darf. Das Puzzle zumindest kann auch trotz eines oder fehlender zweier Teile verzahnt und verbunden bleiben.

Wir puzzeln Tag für Tag, Teil für Teil und fokussieren uns dabei so häufig immer nur auf den nächsten Ausschnitt und nicht auf unser großes Ganzes. Manchmal aber finden wir plötzlich ein Verbindungsstück – ein Puzzleteil, das scheinbar vollkommen voneinander getrennte Bereiche zusammenbringt. Wir erkennen einen Sinn. Wir verbinden uns dann mit anderen Lebenspuzzles, nicht nur mit unseren eigenen einzelnen Teilen. Und egal wie unvollständig unser eigenes Puzzle zu diesem Zeitpunkt ist. Nun gilt es, das neue Puzzle gemeinsam zu puzzeln. Folgendes Zitat von Wilhelm von Humboldt unterstreicht dies treffend:

„*Im Grunde sind es die Verbindungen mit Menschen,*
die dem Leben seinen Wert geben." (Wilhelm von Humboldt

Trau dich, in Verbindung zu gehen, öffne dich, probiere es aus. Sieh jede Verbindung als einen Gewinn, für ein neues Lebenspuzzleteil.

Verbindung
ist aller Anfang.

Impulsübung

Du möchtest zu neuen Menschen in Verbindung kommen? Diese Übung braucht zeitlich etwas länger, kann jedoch sehr wirksam für dich sein, dich zu öffnen und zu fokussieren, um herauszufinden: Wen oder was findest du denn eigentlich in deinem Leben anziehender?

1. So ist der erste Schritt, sich zu fragen: Um welchen Lebensbereich handelt es sich, wo braucht es einen Wandel? Ist es der erfüllte Beruf oder der liebevolle Partner, der dir fehlt? Sehnst du dich nach persönlicher Weiterentwicklung oder mehr Selbstliebe? Oder sind es eher materielle Wünsche? Mach dir deinen Veränderungswunsch so konkret wie möglich bewusst, bevor du deine Anziehungskräfte freisetzt. Je klarer du dein Ziel vor Augen hast, desto stärker ziehst du Menschen an, die dir dabei helfen, den richtigen Weg zu finden. Manchmal braucht es auch Umwege. Dein Bauchgefühl wird dir dabei helfen, deinem Wunsch näherzukommen.

2. Wenn du dich veränderst, verändert sich auch dein Umfeld. Öffne deine Türen. Solange du dich in deiner Komfortzone hinter verschlossenen Türen aufhältst, ist es unwahrscheinlich, neue wertvolle Kontakte in dein Leben zu ziehen. So öffne dich für Neues. Durch neue Facetten, neue Orte, neue Dinge, die du aufsuchst, ziehst du automatisch neue Menschen an.
Frage dich dabei: Welche Facetten in dir gibt es noch zu entdecken? Welche davon möchtest du ganz bewusst zum Leben erwecken?

3. Ist es die Lust zu malen, zu tanzen, mit dem Joggen zu beginnen oder eine neue Sprache zu lernen? Oder vielleicht, es endlich mal zu wagen, ganz alleine im Urlaub zu sein? Nun interessiere dich dafür.

4. Höre gut dem anderen zu und nicht nur mit einem Ohr. Sei wie ein Reporter, der interessiert nachfragt, sich in den anderen hineinfühlt und regelrecht in seine Welt eintaucht. Nur wenn wir uns ehrlich für unser Gegenüber interessieren, ist es uns möglich, zu erkennen, ob er/sie/es eine Bereicherung für unser Leben sein kann. Wenn du etwas Neues in dein Leben integrieren möchtest, recherchiere alles, was nötig ist, um dein neues Projekt zu starten.

5. Nun umgib dich mit Menschen, die bereits haben, was du dir wünschst. Das ist ein ganz essenzieller Punkt. Vertraue hier nicht nur dem Zufall, sondern ziehe dir ganz bewusst die Personen in dein Umfeld, die schon geschafft haben, was du dir wünscht. Wir begeben uns so in die richtige Resonanz und werden wie zu einem Magneten für die Veränderung.

Du wirst sehen, wenn du dich öffnest, können neue Menschen in dein Leben kommen, dich inspirieren und eine wertvolle Verbindung bilden.

Platz für deine Gedanken

Wir sind alle *miteinander verbunden*

In der richtigen **Verbindung** können wir WACHSEN

Verbindung ZU UNS UND ZU ANDEREN FÜR EIN *erfülltes Leben*

LOSLASSEN, UM NEUE VERBINDUNGEN ZU erforschen

WIR SIND *Alle* TEIL DES GANZEN

WIR SIND ALLE *wichtig* ALLE TEILE SIND *wichtig*

PUZZLE *vibes*

Wachsen bedeutet Veränderung

KAPITEL 8

Wachsen bedeutet Veränderung

Die ersten Teile sind verbunden. Ein Teil findet zum nächsten. Es wächst der Rand, es wächst eine Ecke, ein erstes Bild wird sichtbar.

Ist es mein Bild? Oder ist es das Bild, das ich gerne von mir hätte oder das andere gerne von mir hätten? Oder glaube ich, dass ich so bin, wie andere mich sehen möchten, und strebe somit nach einem Bild, das mir gar nicht entspricht? Die innere Stimme flüstert unablässig: „Wieso habe ich mir nur genau dieses Puzzle ausgesucht? Hätte ich doch lieber die einfachere Blumenwiese genommen!" Wenn wir etwas Neues ausprobieren, fragen wir uns zwischendurch: Bin ich auf dem richtigen Weg? Schaffe ich das wirklich? Habe ich mir eventuell zu viel zugemutet? Mich überschätzt? Zum persönlichen Wachsen brauchen wir Motivation, Selbstwertgefühl, Selbstvertrauen und Durchhaltevermögen. Genau diese Eigenschaften brauchen wir beim Puzzeln auch. Das Leben wird hier im Kleinen widergespiegelt.

Unsere Gedanken über uns werden zu Taten.

Über die Vorteile von persönlichem Wachstum lässt sich, denke ich, nicht streiten. Du entwickelst dich weiter, entdeckst neue Fähigkeiten, stärkst positive Charakterzüge, lernst, mit schwierigen Situationen umzugehen, und formst deine Persönlichkeit. Wer nicht weiterwächst, bleibt auf seinem aktuellen Stand stehen und bringt sich damit um so viele Optionen. Wachstum bedeutet Veränderung, und Veränderung bedeutet, seine bekannte Welt ein Stück weit zu verlassen. Es kann aber ein großer Unterschied sein, zu wachsen oder sich zu verändern. Veränderungen können als Beispiel akute Maßnahmen sein, die du in kurzer Zeit vornehmen kannst. In beruflicher Hinsicht kann es ein Jobwechsel sein – je nach Kündigungsfrist kannst du sofort oder nach einer gewissen Zeit die Umstände verändern.

Wachstum ist ein langfristiger Prozess, der immer Zeit benötigt und sich bis zu Jahren hinziehen kann. Hierbei können verschiedene Auslöser eine Rolle spielen, wie zum Beispiel Stillstand oder Unzufriedenheit. Wachstum ist meist eine Veränderung über ein Hindernis hinweg, ein Sich-Durchsetzen, um in der persönlichen Weiterentwicklung voranzukommen. So müssen Hürden genommen werden, die noch im Weg stehen.

Eine Veränderung kann im Gegensatz hierzu auch ein Ausweichen sein, um einen Konflikt zu vermeiden. Hieran lässt sich eines gut erkennen: Wenn man wachsen möchte, sollte man sich davon verabschieden, dass dieser Prozess einfach oder gar selbstverständlich ist. Wir müssen ihn bewusst starten. Bevor man wirklich wachsen kann, sollten demnach einige Voraussetzungen erfüllt sein. Grundsätzlich gilt: Vergleiche dich nicht mit anderen – du hast dein ganz eigenes persönliches Wachstum.

Wenn du wachsen und dich persönlich weiterentwickeln möchtest, musst du Neuem gegenüber aufgeschlossen sein. Anfangs lässt sich nicht genau sagen, wohin dich das Wachstum führen wird. Es bleibt somit immer ein Rest Unsicherheit, ob du die richtige Richtung gewählt hast oder ob du mit dem Ergebnis zufrieden sein wirst. Diese Unsicherheit/Angst kann dazu führen, gar nicht erst dein Wachsen zu beginnen, lieber in deiner Komfortzone zu bleiben und jede Neuerung abzublocken. Öffne dich gegenüber neuen Denkweisen, neuen Menschen und neuen Erfahrungen. Versuche, jeder Situation möglichst offen zu begegnen, und gib allem und jedem eine faire Chance. Eines der größten Geheimnisse ist es, dranzubleiben, auch wenn dein Wachsen nicht in der Schnelligkeit erfolgt, wie du es dir gedacht hast. Beobachte doch einmal die verschiedenen Pflanzen draußen in der Natur. Sie wachsen nicht linear und kontinuierlich und schon gar nicht alle gleich. Oft wachsen Pflanzen von uns unbemerkt sehr lange unter der Erde und kommen dann schnell, unverhofft an die Oberfläche.

So lege zunächst dein Beet an, bewässere es täglich und vertraue dem Prozess. Dann kannst du mit einer erfüllenden Ernte rechnen.

Was glaubst du, wer für dein Leben verantwortlich ist? Dein Partner, dein Chef, deine Freundin? Fehlanzeige – **du** ganz alleine bist für dein Leben verantwortlich. Du bist der Kapitän deines Schiffes. Also nimm das Ruder in die Hand und steuere. Bleibe flexibel, denn die Welt um dich herum verändert sich stetig. Menschen kommen und gehen. Je flexibler du bist, desto besser kannst du dich anpassen und die Veränderungen mitgehen. Des Weiteren können Selbstzweifel dein Wachsen stoppen bzw. erschweren. Gedanken wie „Kann ich das wirklich schaffen?" oder „Bin ich dieser Situation überhaupt gewachsen?" können verhindern, über sich selbst hinauszuwachsen. Auch das Eingeständnis, wachsen zu müssen, fällt nicht immer leicht, bedeutet es doch, dass der momentane Stand nicht mehr zufriedenstellend ist und einer Entwicklung bedarf. Hier muss man bereit dazu sein, sich zu reflektieren und auch Selbstkritik zuzulassen.

Licht ist ein entscheidender Faktor, der der Pflanze Energie liefert, wenn sie erst mal die Oberfläche erreicht hat. Hat die Pflanze zu wenig Licht, kann sie nicht gut wachsen. So ist es auch bei uns Menschen. Wir brauchen neben den zuletzt erwähnten persönlichen Voraussetzungen auch eine gute körperliche Ausgangsbasis durch zum Beispiel genügend Schlaf, eine gute, ausgewogene Ernährung, regelmäßig Sport und vieles mehr, um die notwendigen körperlichen Ressourcen zum Wachsen zu haben. Aber auch der Nährboden ist wichtig für das Pflanzenwachstum und so auch für dich. In einem späteren Kapitel gehe ich auf einschränkende Glaubenssätze ein, die einen wichtigen Einfluss auf den Nährgehalt deines Bodens haben.

Okay, alle Vorbedingungen sind nun gecheckt und geklärt. Wir stehen auf „Go". Wie funktioniert das nun mit dem Wachsen? In jedem Fall startet der Prozess mit deiner Initiative und der Selbstverantwortung für dein Wachsen. Dann geht es weiter über deine klaren Zielstellungen bis hin zu passenden Strategien und Vorgehensweisen, die du für dich aufstellen darfst. Überwinde die Angst, finde den Mut für dein Wachstum und halte durch. Bis das Wachstum spürbar wird und du dein gewünschtes Ziel erreichst, wird es wahrscheinlich einige Zeit dauern. Aber es lohnt sich – in jedem Fall.

Eine Pflanze, die nicht mehr wächst, geht ein. So geht es auch uns Menschen auf der Persönlichkeitsebene. Du bleibst nur lebendig, entfaltest dein Potenzial, wenn du immer wieder Neues lernst, neue Erfahrungen machst und dir neue

Ziele setzt. Sprich, lebenslanges Lernen ist die Basis für dein Wachstum. Wachse über dich hinaus! Oder besser gesagt, ganz in dich hinein. Denn alles ist in dir vorhanden, wie bei einem Puzzle. Auch wenn wir lange dafür brauchen, das ganze Bild zu erkennen.

Die beschriebenen Voraussetzungen (persönlich wie körperlich) lassen sich 1:1 auf den Puzzleprozess übertragen. Wenn du dich beim Puzzeln immer wieder fragst: „Wie konnte ich mir das zutrauen? Ist es überhaupt zu schaffen?" Dann wirst du höchstwahrscheinlich dein Puzzle nicht weiterwachsen lassen, sprich, nicht weitermachen. Es wird somit schnell auf Nimmerwiedersehen wieder im Puzzlekarton verschwinden.

Manchmal haben wir uns von einem Traummotiv verleiten lassen und gar nicht ganz wahrgenommen, wo die Schwierigkeiten bestehen, und stehen unversehens an einem Punkt außerhalb unserer Komfortzone. Nun ist es wichtig, nicht aufzugeben und sich dem Neuen zu stellen – denn daran wachsen wir. Machst du immer wieder ein ähnliches 500er-Puzzle, stagniert deine Entwicklung bzw. du bleibst regelrecht stehen. Es fällt dir leicht, du fühlst dich vom Start an wohl, aber du lernst nicht dazu, entwickelst dich nicht weiter.

Wenn wir dann trotz hoher Herausforderung wachsen, ist das Glücksgefühl um vieles stärker, als wenn wir Gewohntes durchlaufen. Dies gilt für das Puzzle wie auch für das Leben. Sich beim Puzzeln einzelne deutliche Wachstumsschritte bewusst zu machen und dann ausdrücklich hierfür auf die Schulter zu klopfen, lässt uns innerlich größer werden und stärkt uns für nächste Schritte.

Um die nötigen Ressourcen für lange Puzzlestunden zu haben, ist es wie bei der Pflanze wichtig, es sich gut gehen zu lassen. Egal, ob du eine feste Zeit im Tagesverlauf dafür reservierst, einen bestimmten Wochentag freihältst oder vielleicht sogar eine lustige Runde dazu einlädst – nimm dir ausreichend Zeit für dein Puzzle. Es sollte nicht das Ziel sein, das Puzzle in einer bestimmten Zeit zu lösen, sondern vielmehr, den Spaß daran zu erhalten. Stell dich darauf ein, dass du je nach Teileanzahl einige Tage oder gar Wochen lang immer wieder zu deinem angefangenen Puzzle zurückkehren wirst.

Damit du eine schöne Zeit mit deinem Puzzle hast und die entspannenden, meditativen Komponenten davon genießen kannst, sorge für eine angenehme, gemütliche Atmosphäre. Koche dir eine schöne Tasse Tee oder Kaffee und lasse deine Lieblingsmusik laufen. Viele Puzzler hören gerne Hörbücher oder Podcasts, während sie puzzeln. Damit das Puzzle wachsen kann, benötigt es einen guten Boden wie die Pflanze. Egal, ob du an einem großen Tisch sitzt bzw. stehst, dich auf dem Boden in Wohnzimmer oder Hobbyraum ausbreiten möchtest oder sogar eine mobile Lösung brauchst, um zum Beispiel im Garten bzw. auf der Terrasse zu puzzeln: Der Untergrund ist unabdingbar. Die drei gängigsten Varianten sind wie folgt – entscheide selbst nach deinen individuellen Bedürfnissen, welche am besten zu dir passt.

Der *Puzzletisch* eignet sich besonders für die, die einen festen Platz zum Puzzeln bevorzugen und keine Mobilität benötigen. Wie ein kleines Kunstwerk kann das entstehende Puzzle hier den Raum schmücken, da man den Tisch leicht aufwärts neigen kann. Man kann dadurch entspannt davorstehen oder -sitzen und hat jederzeit das Motiv im Gesamtüberblick. Alternativ ist die *Puzzlemappe* von Vorteil, da hiermit sogar gereist werden kann. Mit dieser smarten Lösung kann man jederzeit das Puzzle unterbrechen und sowohl senkrecht als auch waagerecht verstauen, zum Beispiel auf Schränken oder unterm Bett. Praktisch und einfach funktioniert das Puzzeln auch auf einer *Puzzlerolle*. Hier wird ein dünner Filzteppich ausgerollt, auf den man das Motiv legt. Einige Hersteller haben direkt den passenden Rahmen für die verschiedenen Motivgrößen aufgedruckt, was gerade am Anfang eine gute Orientierungshilfe bietet. Möchte man ein Puzzle platzsparend wegräumen, wird es mithilfe der Plastikrolle zusammengerollt, ohne dabei groß zu verrutschen.

Zum Wachsen braucht die Pflanze Licht, so wie du beim Puzzeln. Achte darauf, dass du genügend Licht in deinem Puzzlebereich hast, sonst ermüden deine Augen sehr schnell und du siehst die Schattierungen, die Unterschiede in den einzelnen Teilen nicht ausreichend. Gerade wenn du abends ohne Tageslicht puzzeln möchtest, kann es ohne gute Beleuchtung schwerer werden, die einzelnen Farben korrekt zu unterscheiden.

So ist es auch im Leben. Zum Wachsen brauchen wir genügend Zeit und einen guten Untergrund, der als Fundament dient, und gute Rahmenbedingungen. Oft sehen wir die Wachstumsschübe noch nicht deutlich, da sie zunächst im Verborgenen Fuß fassen und unsere „Pflanze" erst später erkennbar wird. Die Ausprägung der Wurzelstärke ist individuell unterschiedlich, hängt sie doch von der eigenen Persönlichkeit – sprich: der Pflanzenart – ab. Sorgen wir uns um die richtigen Rahmenbedingungen, wird die Pflanze irgendwann zu wachsen beginnen.

Ich habe fast ein halbes Leben dafür benötigt, im Untergrund die für mich notwendigen Wurzeln wachsen zu lassen, um jetzt mit meiner Bestimmungspflanze an die Oberfläche zu kommen. Lange Zeit war mir nicht klar, worin meine eigentliche Bestimmung liegt. Alle Lebensschritte, insbesondere im Beruflichen, fühlten sich nicht so an, als wäre ich schon angekommen. Viele Jahre habe ich in der Wirtschaft gearbeitet und durfte dabei für mich ganz unterschiedliche wichtige Erfahrungen und Erkenntnisse sammeln, die ich heute – in meinen Coachings und Seminaren – weitergeben kann. So fügen sich bei mir nun einige Puzzlefragmente mehr und mehr zu meinem persönlichen Lebenspuzzle zusammen, das jetzt einen großen Wachstumsschub bekommen hat.

Jeder wächst in seinem Rhythmus und seinem Rahmen. So gibt es viele, die schnell hochwachsen, und andere, die länger brauchen. Einige puzzeln viele einzelne Puzzles und andere puzzeln länger bzw. lange an einem. Sei geduldig mit dir. Du wirst deine eigene Bestimmung finden. Wenn du die für dich notwendigen Vorbedingungen geschaffen hast, kannst du dein Puzzle Stück für Stück wachsen lassen. Lass es wachsen und gedeihen. Du hast es in der Hand. Nimm dir die für dich hierfür nötige Zeit.

Es macht große Freude, sich und andere beim Wachsen und beim Aufblühen zu beobachten, es motiviert, weiterzumachen, und beflügelt. Das Wachsen kann innerlich wie äußerlich geschehen. Das Wachstum, die Entwicklung wahrzunehmen und sich bzw. die anderen dafür zu loben und anerkennende Worte zu finden, lässt uns über uns hinauswachsen. Was gibt es Schöneres?

Impulsgeschichte

Es war einmal eine Frau. Die hatte ihren Job gekündigt, ihre Beziehung gekündigt, ihren Glauben gekündigt. Denn nichts lief auch nur annähernd so, wie sie es sich wünschte. Jahrelang hatte sie dafür gekämpft, mehr geliebt zu werden, mehr Freunde, mehr Geld und wenigstens ein bisschen mehr Glück zu haben. Doch es passierte: nichts. Gar nichts. Frustration und Überdruss flossen durch ihre Adern und in jede einzelne Zelle ihres Körpers. Sie hatte genug von allem, von allen, vor allem von ihrem Leben. Und davon, dass andere Menschen so viel weiter waren als sie.

Vor dem geplanten Schlussstrich ging sie zu einem Zen-Meister. Der war in der ganzen Gegend berühmt für seine Weisheit – und na ja, sein Rat kostete auch nichts. „Kannst du mir einen Grund nennen, nicht aufzugeben?", fragte sie den Meister. Seine Antwort überraschte die Frau: „Schau dich um. Siehst du den Farn und den Bambus hier im Garten? Als ich die Samen des Farns und des Bambus pflanzte, kümmerte ich mich um beide sehr gut. Ich gab ihnen Licht und Wasser. Und rasch wuchs der Farn aus der Erde. Sein schönes Grün bedeckte schon bald den Boden. Vom Bambussamen hingegen war keine Spur zu sehen. Aber ich gab ihn nicht auf.

Im zweiten Jahr wurde der Farn noch prächtiger. Vom Bambus sah ich wieder nichts. Doch ich gab ihn nicht auf und versorgte ihn weiter. Im dritten Jahr war immer noch nichts zu sehen, doch ich gab nicht auf. Auch im vierten Jahr noch nichts, doch ich gab nicht auf.

Dann, im fünften Jahr, kam ein winziger Bambussprössling aus der Erde – verglichen mit dem Farn, nur ein Witz. Aber sechs Monate später war der Bambus über zehn Meter hoch gewachsen.

Ich hatte fünf Jahre gebraucht, um seine Wurzeln wachsen zu lassen. Die machten ihn stark und sorgten für sein Überleben. Weißt du, dass du in all den Jahren des Kampfes ohne sichtbaren Erfolg in Wahrheit deine Wurzeln hast wachsen lassen?

Vergleiche dich nicht mit anderen. Der Bambus hatte eine andere Bestimmung als der Farn. Trotzdem machen beide den Garten schön.

Deine Zeit wird kommen. Du wirst hochwachsen."

„Wie hoch werde ich wachsen, Meister?", fragte die Frau. „Wie hoch wird der Bambus wachsen?", fragte der Meister zurück. „So hoch er kann?"

„Ja. Wachse einfach so hoch, wie du kannst." Gib nicht auf. Es warten noch gute, schöne Dinge auf dich. Das Warten lohnt sich.

Einen passenden Artikel zu diesem Thema findest du hier: An alle, die glauben, sie hängen im Leben hinterher *(https://mymonk.de/hinterher-haengen/)*.

Wachse über
dich hinaus.

Platz für deine Gedanken

Jeder wächst in seinem *Tempo*

WACHSTUM
IST OFT
NICHT SICHTBAR

WIR WACHSEN
außerhalb
UNSERER
Komfortzone.

WIR können uns ein
Leben lang
AKTIV verändern.

Veränderung
BRAUCHT
Mut & Zeit,
ABER ES LOHNT SICH

Sorge gut
FÜR DEINE
Bedürfnisse
UND DU KANNST
gut wachsen & gedeihen

PUZZLE *vibes*

Hindernisse:
Unsere besten Lehrer

KAPITEL 9

Hindernisse: Unsere besten Lehrer

Plötzlich tauchen Hindernisse auf. Wirklich plötzlich? Oder haben sie sich nicht doch angekündigt? Meistens gab es zuvor Irritation. Eine Krise bricht selten aus heiterem Himmel aus, auch wenn wir das so behaupten. Es gibt Vorzeichen, die wir lieber übersehen als wahrnehmen, da sie Konsequenzen erfordern würden, die uns aus unserer Komfortzone vertreiben. Nun aber haben wir uns festgefahren, festgepuzzelt, es geht irgendwie nicht mehr weiter. Alle Teile scheinen gleich auszusehen. Eine innere Stimme flüstert plötzlich laut: „Dieses blöde Puzzle, weg damit! Ich habe dir doch gleich gesagt, dass das nichts wird!"

Und nun? Ab ins Regal damit? Oder mal eine Nacht drüber schlafen? Es irgendwohin legen und wann anders weitermachen? Uns Hilfe holen? Vielleicht besser an einer anderen Stelle beginnen? So viele Möglichkeiten – eigentlich.

Hindernisse? Schwierigkeiten?
Oder besser Herausforderungen?

Meine Trainer haben mir immer wieder nahegelegt, das Wort Herausforderung – statt Schwierigkeit – in der Kommunikation mit mir und anderen zu wählen. Das Wort „verhindern" oder auch „schwierig" zieht uns mental regelrecht runter und bringt uns nicht in die nötige Verfassung, aus eigener Kraft durch unsere Tiefs zu gehen. Es liegt das Wort „schwer" in schwierig zugrunde. Du darfst wohlwollend mit dir und anderen umgehen – die Herausforderungen gehören zu unserem Lebensfluss dazu, du wirst an ihnen wachsen. Komme aus dir „heraus" und gehe das Hindernis an. Das Zitat „Wenn alles gegen dich zu sein scheint, dann erinnere dich, dass ein Flugzeug nur gegen den Wind abhebt und nicht mit dem Wind" von Henry Ford, einem amerikanischen Unternehmer, unterstreicht dies treffend. Das Leben ist ein Fluss und Veränderung darin die einzige Konstante. Diese Veränderungen kommen oft unerwartet und werfen uns gerne aus der Bahn. Deine Gedanken spielen die entscheidende Rolle, ob der Moment dann zu einer Krise wird oder nicht. Jede Situation ist neutral. Sie ist, wie sie ist. Erst wir bewerten sie durch unsere Gedanken. Diese Bewertung geht oft so schnell und unterbewusst, dass wir sie gar nicht mitbekommen. Mit Sätzen wie „Es war ja so klar, dass das nicht funktionieren konnte" schaffst du dir deine eigene Realität und wertest deine Aufgabe/Tätigkeit ab. Die Macht der Gedanken ist wahrlich nicht zu unterschätzen. Wir geraten wie in eine Dauerschleife, kommen kein Stück weiter, fühlen uns immer schlechter und der Situation ausgeliefert.[12] Egal, was zu der Herausforderung geführt hat, es liegt an uns, wie wir damit umgehen. Wir haben es in der Hand und die folgenden Tipps können dir dabei helfen.

Akzeptiere die Situation, wie sie ist, denn Widerstand verursacht nur Leid bei dir. Übernimm die Verantwortung dafür und versuche, das Beste für dich herauszuziehen. Probiere bewusst, den Stress, den Druck oder die Hektik von dir zu schieben und erst mal tief durchzuatmen. Dann mache eins nach dem anderen und fange mit der ersten, wichtigsten Aufgabe an. Wenn du dabei ruhig und konzentriert bleibst, kannst du viel klarer sehen. Durch unsere Emotionalität sind wir häufig nur mit dem Problem verbunden und sehen keine Lösungswege. Versuche also, die herausfordernde Situation so objektiv wie möglich zu betrachten. Nimm zum Beispiel Abstand in räumlicher Hinsicht, indem du eine Pause einlegst oder die Situation niederschreibst. Was ist das Gute in der Situation? Nimm andere Sichtweisen und Perspektiven ein, aber bleibe lösungsorientiert. Akzeptiere die durch deine Bewertung auftretenden negativen Gefühle und verdränge sie nicht. Sie wollen wahrgenommen werden – als einen oder mehrere Hinweise, die du für dich betrachten darfst. Du darfst an ihnen wachsen, durch sie lernen, sie haben eine positive Absicht. Mach dir deine Motivation klar, warum du es tust. Komme in Bewegung, mache Sport, gehe in die Natur, gönne dir etwas Gutes, um deine Stimmung zu erhöhen. Was macht dir Spaß? Gib dir die Ruhe und die Zeit, die du für dich brauchst, um aus der Einheitsschleife bzw. dem Alltagstrott zu kommen. Etabliere neue tägliche Gewohnheiten: Sie können dir dabei helfen, die Herausforderungen zu meistern, und geben dir eine feste Struktur.

Jetzt ist Aktion in Form von Umsetzung angesagt – gibt es etwas, das du tun kannst, um deine Situation zu verbessern? Dann tue es und übernimm Selbstverantwortung. Sollten dir alle Tipps nicht weiterhelfen, scheue dich nicht, dir professionelle Hilfe zu suchen. Es spielt keine Rolle, wie du weitergekommen bist, wichtig ist, dass du dich dabei wohlfühlst und deine Situation meistern kannst. Plane möglichst realistisch für dich und überfordere dich nicht. Wie sehen deine Kapazitäten aus? Wo können weitere Hindernisse sein? Einige von den Störfaktoren oder Stolpersteinen können geplant werden – wohlgemerkt nicht alle, aber viele.

Allein die positive Einstellung zur Zielerreichung ist aber nicht der Garant dafür, dieses Ziel auch zu erreichen. Es ist ein Trugschluss. Dies haben wir sicher alle in unserem Leben schon an der einen oder anderen Stelle erlebt. Man benötigt eher einen gesunden Realismus, denn es läuft nicht sofort alles positiv bzw. und nicht alles ist planbar. Die Psychologin Gabriele Oettingen hat dies in ihrem Buch „Die Psychologie des Gelingens"[13] meiner Meinung nach gut beschrieben. Ein wichtiger Faktor bei der Zielerreichung wird häufig außer Acht gelassen. Nämlich der, sich auch mit den Hindernissen zu beschäftigen, die einem im Weg stehen können. Menschen, die sich dies verdeutlichen, gewinnen daraus die nötige Energie, ihre Träume in die Wirklichkeit umzusetzen. So schreibt Oettingen weiter, dass man seine inneren und äußeren Hindernisse erkennen und sich einen Plan machen sollte, der diese Hindernisse miteinbezieht.

Hierfür möchte ich dir eine wunderbare Verfahrensweise vorstellen. Die von Prof. Dr. Oettingen und weiteren Psychologen wissenschaftlich entwickelte und erforschte WOOP-Methode. Sie selbst äußert sich hierzu sehr treffend: „Menschen, die ihren positiven Zukunftsräumen einen gesunden Schuss Realität hinzufügen, indem sie ihre inneren Hindernisse erkennen, sind im Vorteil. Denn dann können sie an den Hindernissen arbeiten."

WOOP ist eine vierstufige Methode zu einer gelingenden Zielerreichung. Die vier Buchstaben stehen für diese Stufen: Wish, Outcome, Obstacle und Plan. Ins Deutsche übersetzt heißt es Wunsch, Ergebnis, Hindernis und Plan. Dabei beginnt die WOOP-Methode mit einem konkreten Wunsch, der ein bestimmtes Ergebnis bringen soll. Dann fragt man sich, welche Hindernisse dessen Erfüllung im Wege stehen, und entwickelt einen Plan, der diese Hindernisse ausräumt. Laut Prof. Oettingen ist die Methode auf all deine Wünsche und Ziele anwendbar. Jeder Mensch, der vor einer Herausforderung steht oder eine schwierige

Veränderung in seinem Leben zu bewältigen hat, kann diese Methode anwenden. Es geht dabei darum, einen Wunsch zu identifizieren und anschließend zu erfüllen. Dabei auftretende Hindernisse sollen währenddessen nicht als Problem gesehen werden, sondern als Motivation, sie zu überwinden. Sollte sich jedoch herausstellen, dass das Hindernis momentan unüberwindbar ist, sollte man zunächst von dem Wunsch Abstand nehmen.[14]

Wir haben viele Wünsche und Träume. Frage dich zuerst: Welchen Wunsch möchtest du dir als Nächstes erfüllen? Der Wunsch sollte grundsätzlich erfüllbar sein, aber doch für dich eine gewisse Herausforderung darstellen. Nun visualisiere dir das Ergebnis: Wie fühlt es sich an, wenn du dein Ziel erreicht hast? Als Nächstes frage dich, welches Hindernis der Wunscherfüllung im Weg stehen könnte. Es können auch mehrere sein. Was hält dich davon ab, dir deinen Wunsch zu erfüllen? Welche Verhaltensweise, welcher Gedanke, welches Gefühl? Nun überlege dir, welche Maßnahmen notwendig sind, das Hindernis zu beseitigen. Fasse diese Maßnahmen zu einem Plan zusammen: „Welche Handlung kann ich ausführen? Was kann ich mir selbst sagen?"

Diese Methode ist eine Art Imaginations- bzw. Visualisierungsprozess. Unser Gehirn unterscheidet kaum zwischen einer mentalen Vorstellung und einer wirklichen Erfahrung. So ist die Vorstellung einer Erfahrung wie ein tatsächliches Erleben. Du lernst deine inneren kritischen Anteile besser kennen und kannst sie durch deinen Plan außer Kraft setzen. So erfüllst du dir zunehmend deine Wünsche und lässt dich nicht durch Hindernisse von deinem Ziel abbringen.

Unser Leben ist nicht immer ein gerader gleich fließender Fluss. Hindernisse, Windungen und Stromschnellen stellen sich dem Wasser wie im Leben häufig in den Weg. Das Wasser verliert niemals die Richtung zu seinem Ziel, egal, auf wie viele Windungen und Hindernisse es trifft. Was wir vom Wasser lernen können, ist, so flexibel wie Wasser zu sein, und wenn wir auf ein Problem stoßen, das wir nicht aus dem Weg räumen können, nach Lösungen zu suchen, damit umzugehen, es zu umschiffen. Wenn das Wasser ein Hindernis nicht beseitigen kann, dann umfließt es dieses. Wenn ein Lösungsversuch uns nicht weiterbringen kann, suche den nächste und probiere es aus. Flexibilität und Anpassungsfähigkeit zahlen sich aus. Es sind nicht die stärksten und intelligentesten Wesen, die überleben.

Die beschriebenen psychologischen Vorgänge bei aufkommenden Hindernissen lassen sich wunderbar auch auf den Puzzleprozess übertragen.

Wir geben manchmal zu früh auf, anstatt unsere Perspektive zu wechseln. Doch sobald wir das tun, sieht alles anders aus! Wenn ich nicht weiterkomme, höre ich beispielsweise in der linken unteren Ecke auf zu puzzeln und widme mich rechts oben. Oder ich konzentriere mich auf die blauen statt roten Puzzleteile.

Oft sitzen wir im Leben wie beim Puzzeln vor vielen Teilen und wissen einfach nicht weiter. Dann ist es an der Zeit, innezuhalten und etwas Abstand zu nehmen. Aus der Ferne haben wir meist einen klareren Blick darauf, welcher Ausschnitt des Motivs gerade entstehen soll und welche Puzzleteile dafür hilfreich sind. Ob wir ein paar Teile, die nicht zu unserem aktuellen Fokus gehören, aussortieren müssen, um Platz für neue passende Puzzlestücke zu schaffen und diesen eine Chance zu geben. Ob wir das Gewohnte und unsere Komfortzone verlassen müssen, um diese neuen und stimmigeren Teile zu finden.

Wechsle die Perspektive beim Puzzeln, wenn du nicht weiterkommst. Steh auf und schau dir dein Puzzle aus anderen Blickrichtungen an. So gewinnst du neue Einblicke und kannst durch die veränderte Sichtweise andere, passende Verbindungen besser erkennen.

Konzentriere dich nicht auf einzelne Teile, die einfach nicht passen wollen. Leg sie zur Seite und führe das Puzzle an einer anderen Stelle fort. Suche dir zur Motivation zunächst eine leichtere Passage aus und mache später an der „Sackgasse" weiter.

Manchmal lässt sich das **eine** Teil partout nicht finden, dann versteife dich nicht darauf. Du wirst es entdecken – mit etwas Abstand. Versuche, den Gedanken „Das Stück fehlt bestimmt!", der nun vielleicht aufkommt, zu ersetzen durch: „Es ist ganz bestimmt da, ich sehe es nur gerade nicht." Du kommst dadurch automatisch aus der Anspannung heraus und bist offener, motivierter dafür, woanders weiterzumachen. So wird sich alles fügen, du wirst die Zusammenhänge dann später erkennen.

Leg zwischendurch immer wieder Pausen ein, gönn dir etwas Schönes und verwöhne dich. So entspannst du dich generell, vor allem deine Augen, und kannst mit frischer Energie wieder an dein Puzzle zurückgehen.

Sieh die Hindernisse, die Probleme die sich ergeben als deine Lehrmeister an. Als Herausforderung. Fordere dich heraus! An ihnen kannst du lernen und neue Strategien, Lösungen kreativ ausprobieren. Wenn das Puzzle sich schnell und einfach puzzeln lässt, wachsen wir nicht und spüren infolge auch weniger ein echtes Erfolgsgefühl.

Hierzu möchte ich eine kleine von mir erlebte Puzzlegeschichte erzählen: Ich brauchte mal eine sehr große Pause, als ich dieses Buch, zu großen Teilen auf Mallorca, geschrieben habe und sich der Horror eines jeden Autors einstellte – die Schreibblockade. Die ersten Kapitel lief es wie von selbst, bis ausgerechnet im Kapitel „Hindernisse" mein Schreibfluss ins Stocken kam und im wahrsten Sinne des Wortes mehr als hinderlich lief. Gut, dachte ich, mache ich eben mit dem Kapitel „Flow" weiter – aber du kannst es dir wahrscheinlich schon denken, es *floss* auch hier nicht.

So habe ich allen Schreibkram erst mal zur Seite geräumt und als Ablenkung ein neues Puzzle gestartet, das ich zum Geburtstag von Freunden geschenkt bekommen und mit auf die Insel genommen hatte. Es handelte sich dabei um ein traumhaftes Fotomotiv: die Luftaufnahme eines Korallenriffs vor Mauritius mit herrlichen Blau- bzw. Türkistönen und einer weißen Brandung. Aufgenommen vom Sohn unserer Freunde, das auch in Großformat für unsere Küche geplant war. Um die Wartezeit auf das Echtbild zu versüßen, bekam ich nun eben dieses Wunschmotiv vorab als Fotopuzzle geschenkt. Übrigens ist das generell eine wunderbare Idee, sich seine eigenen Wandbilder oder Lieblingsmotive auch als Puzzle zu verewigen. Aber zurück zur Situation der Schreibblockade. Ich tauchte ein in die türkisen, blauen, grünen Töne des Meeres, entspannte mich dabei mehr und mehr. Ich hörte regelrecht die Brandung des Meeres und roch die salzige Luft. Die Blockade? Fast vergessen. Beim für mich meditativen Prozess des Sortierens und Herauslegens der Randteile kamen meine kreativen Gedanken wieder ins Fließen. Kaum zu glauben. Schnell zückte ich mein beiseitegelegtes Notizbuch und hörte fast nicht mehr auf, Gedanke für Gedanke für die nächsten Kapitel dieses Buches darin niederzuschreiben. Was für ein unglaublicher Prozess. Wie du siehst, kann für den einen oder anderen das Puzzle auch ein Hilfsmittel sein, seine Hindernisse zu überwinden.

Darüber hinaus kann es helfen, jemand anders um Hilfe zu bitten. Wie oft standen plötzlich mein Mann oder mein Sohn bei einem meiner Puzzleprozesse

neben mir, angelockt von meinem stetigen Stöhnen, und haben mit völlig sicherer Hand die kritischen Teile spontan zusammenfügen können, an denen ich
vergeblich seit Längerem festgehangen habe. Zwei unvoreingenommene Augen
mit frischem Blick sehen eben mehr als zwei, die seit Stunden ins Puzzle vertieft
sind. Insbesondere dann, wenn es hakt, kann es dir neue Orientierung geben
und Hinweise liefern, welche Teile du gerade benötigst, um weiterzukommen.

Sitzt du an einer besonders kniffligen Stelle, an der jedes Teil scheinbar gleich
aussieht? Wer beispielsweise Himmel, Wasser oder Wiesen puzzeln muss, steht
häufig vor dem Problem, dass sich die Teile farblich nicht sortieren lassen, weil
sie alle scheinbar gleich aussehen. Dann kann folgender Puzzletrick Abhilfe
schaffen: Sortiere diese Teile nach Formen am besten wie folgt mit:

1. keiner Ausbuchtung oder Nase,
2. einer Nase,
3. zwei gegenüberliegenden Nasen,
4. zwei nebeneinanderliegenden Nasen,
5. drei Nasen und
6. vier Nasen.

So kannst du im Zweifelsfall die einzelnen Teile schnell in der jeweiligen Lü-
cke ausprobieren. Ein geübteres Auge erkennt auch bald die Unterschiede in der
Größe und dem Schwung der einzelnen Puzzleteile. Ich lege dann die infrage
kommenden Teile vor mir hin und probiere geduldig eins nach dem anderen
aus. Auf diese Weise habe ich viele Puzzles mit fast gleichfarbigen Flächen viel
leichter zu Ende gebracht. Auch hierbei kannst du für das richtige Leben lernen.
Manchmal ist es viel sinnvoller, anstatt über Hindernisse zu grübeln, es einfach
anzugehen und zu probieren. Immer wieder auch im Kleinen zu scheitern und
dann daraus zu lernen. Diese Verfahrensweise wird heute in vielen Unternehmen als agile Methode sehr erfolgreich angewendet.

Wir verbessern oder entwickeln neue Fähigkeiten, indem wir uns schwierigen Herausforderungen stellen. Dabei funktioniert unser Gehirn ähnlich wie
ein Muskel. Bei kontinuierlicher und intensiver Beanspruchung wird es umso
leistungsfähiger. Dies zeigt sich beim Puzzeln unter anderem durch die schnel-

lere und bessere Erkennung von Passformen und Farben, weil wir uns Einzelteile immer genauer ansehen, wenn die Puzzleteilsuche stockt. Die Suche nach dem maßgeschneiderten Teil zwingt das Gehirn, sich dessen Merkmale zu verinnerlichen. Durch die tausendfache Wiederholung dieses Prozesses wird das Kurzzeitgedächtnis bzw. Erinnerungsvermögen geschult und die Konzentrationsfähigkeit verbessert.

Probiere also aus, sei flexibel, bleibe achtsam mit dir und verurteile dich nicht. So wirst du alle deine Puzzle- und Lebenshindernisse souverän bewältigen und stets viel Freude auch bei den schwierigeren Passagen haben. „Schwierige Zeiten lassen uns Entschlossenheit und innere Stärke entwickeln" lautet ein treffendes Zitat vom Dalai Lama. So nimm die Situation an und gehe gestärkt durch sie hindurch.

Das Hindernis ist der Weg.

Impulsübung

Du steckst fest? Du kommst nicht weiter? Deine negativen Gedanken brodeln vor sich hin? Solange du ihnen weiter freien Lauf lässt, hast du ziemlich verloren.

Eine mögliche weitere einfache Übung, um aus diesem Dilemma herauszukommen, ist wie folgt

1. **STOP!** Sobald ein negativer Gedanke aufkeimt, sage laut in deinem Kopf: „Stopp."
2. **SWAP.** Ersetze den negativen Gedanken sofort durch eine positive Aussage, wie zum Beispiel: „Ich kann ..." oder „Ich werde ..."
3. **BREATHE.** Atme tief ein und wieder aus. Die Verknüpfung der Entspannung mit der positiven Aussage ist hier entscheidend.
4. **REPEAT.** Wiederhole die drei ersten Schritte konsequent mehrmals.

Der Schlüssel zur erfolgreichen Umsetzung liegt in der Wiederholung der Übung. Je öfter du diese Technik anwendest, umso einfacher wird es, solche situativen Hindernisse zu überwinden.

Platz für deine Gedanken

HINDERNISSE/ PROBLEME
SIND *Chancen* ZU WACHSEN

Es gibt immer *Lösungen*
HINDERNISSE ZU ÜBERWINDEN

Hindernisse FORDERN UNS AUS DER *Komfortzone* HERAUS

IM *Beobachter* finden sich, mögliche bzw. neue Lösungswege

HINTER DEN **HINDERNISSEN** LIEGT DAS *Geschenk*

PUZZLE *vibes*

Flow!
Eins sein

KAPITEL 10

Flow! Eins sein

Das kennen wir alle: Flow oder auch pures Glücksgefühl. Man ist so glücklich, dass man es gar nicht merkt – oft sogar erst danach. Währenddessen ist man vollständig im *Fluss*, in der Freude am Tun im Hier und Jetzt. Ein Zustand, der leider bei vielen Menschen ein seltener Gast geworden ist. Wir sind so gerne abgelenkt.

Was heißt Flow? Flow bedeutet aus dem Englischen übersetzt *fließen*, *strömen* und bezeichnet das beglückende erlebte Gefühl eines mentalen Zustands völliger Vertiefung. Man geht in seiner Tätigkeit bedingungs- und restlos auf, die wie von selbst vor sich geht. Einige sagen: „Ich bin im Flow", wenn die Dinge einfach gut laufen, andere verstehen darunter das Gefühl der eigenen Mitte und Balance, wieder andere beschreiben damit einen Zustand, bei dem sie völlig in einer Beschäftigung aufgehen. Hier gibt es kein Richtig oder Falsch – es ist einfach ein wunderbares, erfüllendes Gefühl.

Es läuft wie von selbst. Keine Gedanken an andere Aufgaben, keine Ablenkung: Man ist zu 100 Prozent auf die Aufgabe konzentriert und geht vollkommen darin auf. Man vergisst jedes Raum-Zeit-Gefühl, ist ganz im Hier und Jetzt. Wir sind in solchen Momenten nicht ansprechbar bzw. sollten besser nicht angesprochen werden, denn das würde den Flow nur stoppen. Es ist ein Bewusstseinszustand, in dem unsere beste Version von uns selbst am Werk ist.

Wie komme ich nun in den Flow? Von selbst stellt sich dieser Zustand nicht immer ein. Beim Flow-Zustand nach Mihály Csíkszentmihályi, einem Kreativitätsforscher und dem vielzitierten „Vater" des Flow-Konzepts, gibt es bestimmte Bedingungen, um besser und leichter hineinzukommen. [15]

Mihály Csíkszentmihályi konnte als Kind, während der Fliegerangriffe in Budapest im Zweiten Weltkrieg, durch Schachspielen in den Flow-Zustand kommen und bemerkte dabei kaum, dass Bomben fielen. Diesen entrückten Zustand auch in Ausnahmesituationen erleben zu können, hat ihn so motiviert und fasziniert, dass es seine gesamte Forscherkarriere mitbestimmt hat.

Es ist strittig, ob man gezielt Flow-Erlebnisse herbeiführen kann und wie genau Flow zu definieren ist. Hier ist die Definition, dass Flow ein Zustand ist, in dem wir mit großer Produktivität arbeiten und denken können, ausreichend. Voraussetzungen, die den Flow-Zustand wahrscheinlicher werden lassen, können aber in jedem Fall von uns geschaffen werden. Und wie, fragst du dich jetzt vielleicht?

Führe dir ein klares Ziel vor Augen. Es ist wichtig, dass du weißt, worauf du hinarbeitest. Bevor du also eine Aufgabe angehst, mach dir klar, worauf du dich fokussieren möchtest, was du für die nächsten Minuten/Stunden dafür zu tun bereit bist und was dein gewünschtes Ziel ist. Richte dich bzw. deinen Fokus nicht nur auf das Endziel aus, sondern auch auf die Teilschritte. So entsteht nicht zu viel Druck und du kannst mit mehr Leichtigkeit agieren.

Es sollte eine machbare Herausforderung sein, die bedeutet, zwar gefordert, aber nicht überfordert zu sein. Bei Überforderung entstehen schnell Stress und Angst, bei Unterforderung Langeweile und Resignation. Liegt der Forderungsgrad zwischen Komfort- und Panikzone, können wir ein Stück über uns hinauswachsen und durch das eintretende Erfolgserlebnis den beglückenden Zustand des Flows eher erleben. Probiere es für dich aus.

In den Flow kommen wir am leichtesten, wenn wir nicht nur von innen heraus motiviert sind, sondern es uns auch Freude macht, freiwillig ist sowie unseren Interessen und Talenten entspricht. In der Psychologie bezeichnet man dies als eine intrinsische Motivation. Im Gegensatz dazu steht die extrinsische Motivation, die externe Anreize wie Geld, Ansehen, Lob, Belohnungen usw. benötigt und meist nur kurz anhält. Dahingegen kann der Flow-Zustand auch länger anhalten. Wir belohnen uns auf diese Weise selbst.

Sei konzentriert bzw. fokussiert auf entspannte Art und Weise, damit der Zustand der vollen Präsenz entstehen kann. Schalte alle externen Störfaktoren aus. Leg dein Handy weg und lass dich für ein paar Stunden nicht stören. Finde die für dich produktivste Tageszeit und schaff dir ein ausreichend großes Zeitfenster, um in den Flow zu kommen und ihn auch halten zu können.

Eine Flow-Erfahrung lässt uns Minuten wie Stunden erleben, die Zeit scheint stillzustehen und wir verlieren oft dabei auch jedes Raumgefühl – schweben wie in anderen Sphären. Viele sagen danach: „Oh, schon so spät?!? Die Zeit ist ja wie im Fluge vergangen." Du hast es in der Hand, diese Rahmenbedingungen für dich zu schaffen. Die neue Erlebniswelt lässt keine Sorgen, Ängste oder Überlegungen zu, wir sind dann eins mit unserem Tun. Die Tätigkeit und das Selbst werden nicht mehr getrennt wahrgenommen. Es kommt zum Verschmelzen.

Von der Mühelosigkeit und der Leichtigkeit des Handlungsablaufs wie ein Fluss hat die Flow-Erfahrung ihren Namen. Alles läuft darin harmonisch wie von selbst. Von außen betrachtet, sieht es zwar nach einer großen Anstrengung für den Handelnden aus, ist aber das genaue Gegenteil.

Es ist zudem wichtig zu wissen, dass sich zwei Erregungszustände vor dem Flow-Erleben abwechseln. So muss die Person vorher in einer fordernden Tätigkeit aktiv gewesen sein, um dann in den passiven Zustand wechseln zu können, ohne dass das aktive Handeln eingestellt wird. Die Aktivität geht passiv leicht von der Hand. Besonders häufig werden Flow-Zustände von Sportlern beschrieben, die völlig in ihrer Beschäftigung aufgehen; sie können aber auch bei vielen anderen geliebten Tätigkeiten zustande kommen. Im Flow-Zustand einer Person wird besonders viel Adrenalin und Serotonin freigesetzt, wodurch diejenige aufmerksamer ist sowie alles schneller verarbeiten und kombinieren kann. Es entsteht wie ein Trancezustand, ein Rausch ohne Drogen.

Der Flow-Zustand lässt sich nicht erzwingen. Es gibt aber Trainingsmöglichkeiten, um sich ihm zu nähern. Man kann zum Beispiel im Yoga durch die Abwechslung von Anspannung und Entspannung diesen Zustand üben. Dadurch wird der Geist auf einen Wechsel zwischen diesen beiden Befindlichkeiten trainiert und kann leichter bei passenden Begleitumständen in den Flow-Zustand wechseln.

Wichtig, um den Flow-Zustand aufrechtzuhalten, ist, dass du ein Feedback bzw. eine Rückmeldung für deine Tätigkeit bekommst. Diese Rückmeldung ist nicht zwingend von anderen Personen zu leisten, du kannst dich auch selbst bewusst für deinen Fortschritt loben.

Das Erfolgserlebnis ist mit entscheidend, ob wir den Vorgang wiederholen. Wir haben die Herausforderung gemeistert und können es wieder schaffen. Dieses Momentum hat eine unglaublich starke Wirkung und motiviert uns, es wieder erleben zu wollen, weiter an uns zu arbeiten und uns neuen Herausforderungen zu stellen.

Der Flow-Zustand, der Rausch oder die Trance ist körperlich messbar. Unser Körper schüttet in diesem *Fluss* verstärkt Glückshormone (sogenannte Endorphine) aus, und unsere Herzfrequenz wird rhythmischer. Wir können uns viel besser konzentrieren und verlieren die Raum-Zeit-Wahrnehmung. All das lässt sich körperlich messen und im Gehirn nachweisen. Wissenschaftler gehen davon aus, dass uns regelmäßige Flow-Erlebnisse gesundheitlich fit halten und unsere Seele stärken. Wir sind mental gestärkt, ausgeglichener, entspannter und zufriedener.

Jetzt wirst du sicherlich schon in dich gehen und überlegen, wann du solche Flow-Erlebnisse schon hattest, und dich daran erinnern, wie wunderbar du dich dabei gefühlt hast. Tue dies immer wieder, denn es motiviert uns, diesen Zustand wieder erleben zu wollen.

Ich gehe duschen, um unter anderem in einen Flow-Zustand zu kommen. Duschen ist für die meisten von uns eine alltägliche Routine, die wir eigentlich mehr aus Hygienegründen heraus machen. Doch reinigen wir uns beim Duschen im wahrsten Sinne des Wortes auch von innen. Wir spülen alles Erlebte wie von uns ab und kommen durch das Wasser in einen anderen Zustand. Während wir uns automatisiert einschäumen, können die Gedanken in aller Ruhe schweifen und unsere Kreativität kann auf Hochtouren kommen. Abgeschieden von allen Ablenkungen und Sorgen, bringen uns diese Minuten, in denen wir ganz für uns selbst sind, in unser Wohlbefinden. Aus diesem Zustand heraus kann viel entstehen, so zumindest bei mir. Die Ideen sprudeln, die Einfälle purzeln. So kann ich oft nicht schnell genug aus der Dusche springen, um wichtige Gedanken festzuhalten.

Unvergessen bleiben für mich die Momente, die ich mit unserem Sohn erleben durfte, wenn er stundenlang seine Matchbox-Autos über den Spielteppich mit Straßenmotiv fahren ließ, und er wie entrückt, völlig verzückt sämtliche Hup-Quietsch-Geräusche dazu imitierte. Kinder können besonders gut in Flow-Zustände kommen, da sie nicht wie wir Erwachsene in unzähligen To-do-Listen unterwegs sind und ihre Fantasiewelt noch sehr ausgeprägt ist.

Das im Spiel aufgehende Kind ist das Urbild des Menschen im Flow, so sagt der Psychologe Siegbert A. Warwitz.[16] Das Kind identifiziert sich mit dem „Leben" der Spielfigur und geht darin völlig auf. Nach Warwitz erfüllt das Spiel bereits alle wesentlichen Kriterien, die das Flow-Erlebnis auszeichnen. Es macht dir Spaß, das heißt, du kannst dich dazu von innen heraus motivieren. Es langweilt dich nicht, deshalb spielst du es weiter. Es fordert dich heraus. Du legst deinen ganzen Fokus auf das Spiel und vergisst dadurch alle anderen Dinge um dich herum. Du hast keinen Erfolgsdruck. Du kannst dich gut darauf einlassen. Denn nur wenn du dich auf das Spiel einlassen kannst, kannst du auch darin aufgehen.

Möchtest du also mehr Flow in dein Leben bringen, dann könnte ein guter Weg dafür sein, die Dinge öfter mal spielerisch anzugehen, ab und zu auch mal dem kreativen Teil in dir das Kommando zu überlassen.

Ich war unter anderem im Flow bei meinem Weihnachtstage-Puzzle, wie eingangs im Buch beschrieben. Ich konnte gar nicht mehr aufhören, war wie in einem Puzzlerausch. Zwischendurch gab es dann immer mal wieder Momente, in denen die Puzzleteile – wie von magischer Hand geführt – an die richtigen Stellen wanderten und ich weder stoppen konnte noch wollte. Ich war einfach im Flow.

Das Puzzle kann die Pole-Position für deinen Flow sein. Es ist ein Spiel, das wir nutzen können, um in diese Leichtigkeit einzusteigen. Gönne dir ausreichend Raum hierfür und vergiss alles um dich herum, dann ist die Basis für den Flow gegeben. Durch die fokussierte Tätigkeit, Teil für Teil zusammenzusetzen, kann sich der Verstand schlafen legen.

Es ist alles da beim Puzzeln, was man braucht, um weiterzukommen. So können wir beim Puzzeln vollkommen in der Tätigkeit entspannen. Zudem haben wir eine machbare Aufgabe ausgesucht mit dem gewissen Extra an Herausforderung, auf die wir uns freuen. Das Ziel ist klar und deutlich unser gewähltes Motiv, das auf die Vervollständigung wartet.

Nun tauchen wir ein in die Welt der Puzzleteile ohne jede Störung und Ablenkung. Das Feedback, das durch jede gepuzzelte Verbindung entsteht, gibt uns stetigen Aufwind, dranzubleiben. Wir können nicht mehr aufhören, es gibt nur noch uns und das Puzzle.

Wenn dann das magische Gefühl kommt und die Puzzleteile wie von Zauberhand an die richtigen Stellen wandern, genieße es mit allen Sinnen. Dusche nicht nur in diesen Glücksgefühlen, sondern bade dich darin. Wer weiß, wann du es wieder erleben wirst.

Im Flow zu sein, lässt sich nicht erzwingen, Es passiert ganz automatisch, ohne jede Kontrolle. Der Geist ist ruhig und klar wie ein Bergsee. Es gibt in diesem Moment nur ein „ich bin". Es gibt nichts zu tun, außer zu sein und das Leben fließen zu lassen. Das macht süchtig auf mehr.

Impulsübung

Ziel dieser Übung ist es, mehr Flow zu erleben und mehr Flow-Tätigkeiten in deinen Alltag zu integrieren.

1. Sammeln

Erstelle dir eine Liste mit Tätigkeiten, die du gerne tust und die dir Spaß machen (unabhängig davon, ob du sie im Moment regelmäßig machst oder nicht).

2. Auswählen

Markiere dir nun die Tätigkeiten der Liste, bei denen du regelmäßig Flow erlebst oder erlebt hast.

3. Reflexion

Welche der Flow-Tätigkeiten setzt du regelmäßig um? Welche würdest du gerne häufiger in deinen Alltag integrieren? Was müsstest du dafür verändern? Durch welche Bedingungen kannst du die Flow-Momente unterstützen (zum Beispiel Tageszeit, Ort, Umgebungsgeräusche, Musik, Art der Tätigkeiten usw.)? Welche Bedingungen verhindern eher, dass du in den Flow kommst?

4. Plan

Was nimmst du dir für die nächste Zeit vor? Was möchtest du verändern, um mehr Flow zu erleben?

Platz für deine Gedanken

Im Spiel ist ein ZUSTAND AUSSERHALB von *Raum & Zeit* möglich.

KOPF AUS → HERZ AN

Vollkommene Glückseligkeit im flow-Sein

WENN ALLES FLIESST *flow*

Positiver RAUSCH ZUSTAND

Flow- ERLEBEN gehört zum SPIEL

PUZZLE *vibes*

Werte bilden und leben

KAPITEL 11

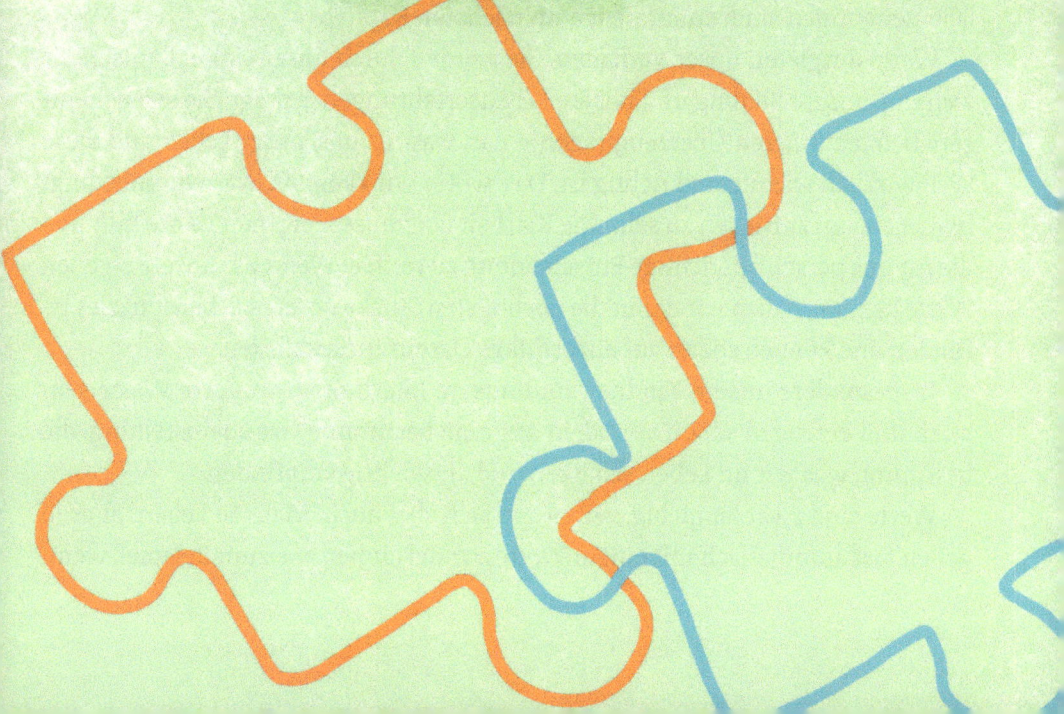

Werte bilden und leben

Wir verlassen nun ein wenig den Ablauf des Puzzleprozesses für die nächsten Kapitel und wenden uns übergeordneten Themen zu, die im Leben wie auch beim Puzzeln eine Rolle spielen und einen Rahmen unserer Persönlichkeit bilden. So schließt sich der Kreis des Puzzles wie auch des Lebens, denn es ist alles miteinander verbunden.

Innerhalb des Entwicklungsprozesses dieses Buches befinden wir uns nun in einer äußerst wegweisenden Phase. Du bist durch viele Stationen des Puzzles/ Lebens gereist und hast dich besser kennenlernen können. Damit du es schaffst, dich jetzt neu und positiv auszurichten, starte mit der Bewusstmachung deiner Werte. Vielleicht fragst du dich schon häufiger, was dir im Leben wirklich wichtig ist.

Werte sind die unsichtbare und treibende Kraft hinter unseren persönlichen Glaubenssätzen, nach denen wir leben wollen. Sie können uns in schwierigen Situationen leiten und uns dabei helfen, ein erfülltes Leben zu führen. Wenn du dir über deine Werte im Klaren bist, kannst du weniger von anderen beeinflusst werden und lebst mehr dein eigenes Ich. Was persönliche Glaubenssätze und Überzeugungen sind, erläutere ich im nächsten Kapitel.

Werte dirigieren unser Verhalten. Sie werden durch unser Umfeld, unsere Erziehung, unsere Bildung und unsere Lebenserfahrungen geprägt. Sie spiegeln unsere tiefsten inneren Überzeugungen – das, was für uns, unser Leben und diese Welt wirklich wichtig und richtig ist. Das, wofür wir kämpfen, was wir unbedingt brauchen, um zufrieden zu sein. Die Klarheit über unsere eigenen Werte hilft uns, die für uns persönlich richtige Entscheidung zu treffen. Wenn wir unsere eigenen Werte kennen, haben wir damit die wichtigsten Stücke unseres Lebenspuzzles gefunden und können später auf ein erfülltes Dasein zurückblicken.

Insbesondere unsere Kindheit und unsere Eltern prägen unsere Werte sehr stark und erzeugen schon von klein auf eine bestimmte Grundeinstellung, die bestimmt, was wir im Leben schätzen und als wichtig empfinden.

Werte sind zwar langlebig, verändern sich aber auch. Manche Lebensphasen gehen fast automatisch mit einem Wertewandel einher, wie zum Beispiel, wenn man Eltern wird, einen geliebten Menschen verliert, persönliche Krisen oder Krankheiten ausbrechen. So (er)leben wir Werte im zweifachen Sinne – zum einen verändern sie sich, zum anderen sollten wir nach ihnen leben.

Wir werden im Leben davon angezogen, was unseren Werten entspricht. Es gibt dabei einen Unterschied zwischen angestrebten und gelebten Werten. Was wir anstreben, muss nicht zwingend deckungsgleich sein mit unseren real gelebten Werten. Es könnten beispielsweise zwei oder mehrere Werte im Konflikt gegeneinander gelebt werden wie Abenteuer versus Sicherheit. Man glaubt, dass die Werte wahr und wichtig sind, und bildet daher eigene Glaubensstrukturen. Oftmals wird ein Wert durch viele ähnliche Glaubenssätze gestützt. Verändert sich einer dieser Glaubenssätze, bleibt der Wert meist dennoch stabil. Ändert sich jedoch ein Wert, kollabieren oftmals alle damit verbundenen Glaubenssätze.

Per Definition sind Werte erstrebenswerte, moralisch oder ethisch als gut befundene spezifische Wesensmerkmale von Personen innerhalb einer Wertegemeinschaft. Aus bevorzugten Werten und Normen entstehen Denkmuster, Glaubenssätze und Handlungsmuster.[17] Dies ist eine von vielen Definitionen, die allesamt versuchen, die Begrifflichkeit zu erklären, jedoch ist und bleibt die Tatsache bestehen, dass Werte für jeden individuell etwas anderes bedeuten und sich nicht eindeutig auf eine Definition runterbrechen lassen. Was ist nun der Unterschied zwischen Werten und Normen?

Wenn es darum geht, ein nach persönlichen Werten ausgerichtetes Leben zu führen, dann bedienen wir uns häufig der ethischen und sozialen Normen. Normen werden häufig mit unausgesprochenen Regeln, Vorschriften oder moralischen Prinzipien assoziiert und beschreiben bestimmte Verhaltenserwartungen der Gesellschaft. Sie bilden dein Überzeugungssystem und steuern somit dein Verhalten mit. Normen sind wichtig, um ein Zusammenleben zu ermöglichen. Sie organisieren sowohl kleine Gruppen als auch einen ganzen Staat. Sie steigern das Füreinander und geben Sicherheit. Sie dienen als Orientierungshilfe im Alltag und beschreiben, wie etwas normalerweise vonstattengeht bzw. gesellschaftlich anerkannt ist.

Prinzipiell haben Werte die gleiche Zielsetzung wie Normen. Persönliche Werte sind jedoch unabhängig von konkreten Situationen, haben aber Einfluss auf dein Verhaltensmuster. Sie sind allgemeine Wegweiser für unser Verhalten. Während eine Norm zum Beispiel konkret besagt, dass man beim Betreten eines Raumes nett grüßt, umfassen deine Werte eher übergeordnete Begriffe wie Höflichkeit oder Freundlichkeit. Der Wert Integrität beispielsweise könnte als Norm „Du sollst deinen Werten entsprechend handeln" oder der Wert Kreativität als „Du sollst Dinge erschaffen und erfinden" formuliert werden.

Werte können in fünf verschiedene Kategorien klassifiziert werden – wie Grundwerte, materielle Werte, persönliche Werte, postmaterielle Werte und religiöse Werte, die ich an dieser Stelle nur nennen möchte, ohne im Einzelnen auf die Arten einzugehen. Wer sich hierzu mehr Wissen verschaffen möchte, dem empfehle ich „Das große Buch der Werte" von Frank H. Sauer.[18]

Ich möchte mich im Folgenden auf die persönlichen Werte konzentrieren: die persönlichen Wertvorstellungen des Individuums. Persönliche Werte sind grundlegende, positiv betrachtete Eigenschaften und Ideale, nach denen wir handeln. Zu weit verbreiteten Werten zählen zum Beispiel Liebe, Sicherheit, Ordnung, Toleranz, Disziplin, Ehrlichkeit, Erfolg, Nächstenliebe, Freiheit, Gesundheit, Zuverlässigkeit, Gerechtigkeit, Selbstbestimmung, Freundschaft, Weiterentwicklung, Treue, innerer Frieden und Harmonie.

So viel zu den Begrifflichkeiten, nun folgt mehr Wissenswertes über Werte im Detail. Deine persönlichen Werte sind das, was du für dich als „gut" erachtest bzw. wichtig empfindest. Dies können beispielsweise Ehrlichkeit und Harmonie sein oder „Zeit für mich". Diese Überzeugungen lenken dein Tun und Denken bewusst oder unbewusst und führen zu einer Bewertung der jeweiligen Situation. Aus ihnen heraus erwächst deine Motivation dafür, wie du dich verhältst, welche Fähigkeiten du für dich entwickelst und welche Beziehungen du eingehst. So bestimmen die Werte die Rahmenbedingungen deines Lebens, ob privat oder beruflich. Sie funktionieren wie ein innerer Kompass, der dich durch dein Leben führt. Man kann Werte also als Entscheidungshilfen bezeichnen, die dich dabei unterstützen, deinen Lebensplan zu leben.

Wie erkennst du nun deine Werte und wie lebst du anschließend danach? Vielleicht hast du intuitiv schon eine Idee, welche Begriffe mit dir in Verbindung stehen. Begriffe wie Sicherheit oder Liebe beispielsweise. Einen Weg dahin, deine aktuellen Werte herauszufiltern, möchte ich dir im Folgenden beschreiben.

Im Anhang dieses Kapitels habe ich dir eine Liste mit möglichen Werten bei-
gefügt. Lies sie dir laut vor. Du wirst sowohl mental als auch körperlich sofort
spüren, wie diese einzeln auf dich wirken. Höre auf dein Bauchgefühl, deine
Intuition und denke möglichst nicht lange darüber nach, welche Begriffe mit
dir in Resonanz gehen. Schreibe dir diese auf. Es sollten danach möglichst zehn
Stück stehen bleiben, die dir am wichtigsten sind. Wenn deine Liste mehr auf-
weist, reduziere sie durch nochmaliges Durchgehen. Nun ordne diese zehn Begriffe der Wichtigkeit nach und stelle dir dabei die Fragen:

*„Was ist mir im Leben wichtig? Womit motiviere ich mich? Was treibt mich an?
Wann bin ich stolz auf mich? Ohne was kann ich nicht leben? Welcher Wert
steht für mich in meinem Leben an oberster Stelle? Warum genau ist mir dieser
Wert so wichtig? Wie kann ich ihn noch bewusster in mein Leben integrieren?"*

Diese Rangfolge ist eine Momentaufnahme, sie kann zu einem späteren Zeitpunkt völlig anders ausfallen. Daher stresse dich nicht zu sehr mit deiner Fest-
legung und folge deiner aktuellen Intuition.

Nimm dir nun die obersten drei Werte aus deiner Auflistung und versuche,
einen nach dem anderen in den nächsten Monaten ganz bewusst in dein Leben
zu integrieren. Hilfreich ist, diese drei Werte möglichst sichtbar im Alltag zu
platzieren, zum Beispiel auf einem Post-it oder Ähnlichem. Sie sind dein tägli-
ches Mantra, das du dir jeden Tag aufsagst. Auf diese Weise verankerst du diese
Werte mehr und mehr in deinem Leben und Alltag.

Ich persönlich mache diese Übung regelmäßig einmal im Jahr und es ist immer noch verblüffend, welche Prozesse hierdurch in Gang gesetzt werden können. Halte immer wieder inne und frage dein Inneres nach deinen jetzt für dich
wichtigen Werten. Sie verändern sich, denn unser Leben ist auch stetig im Wandel. Veränderte Werte sind ein Zeichen für deine persönliche Weiterentwicklung.

Persönliche Werte können dir dabei helfen, Ziele leichter zu identifizieren, zu
formulieren und zu verfolgen. Zum Beispiel könnten für eine funktionierende
Partnerschaft die Werte Liebe, Ehrlichkeit, Treue und Vertrauen die Basis schaffen. Hierbei ist wichtig, dass du selbst zunächst diese Wertvorstellung lebst,

bevor dein Partner/deine Partnerin sie verinnerlicht, beginne also bei dir, diese Werte ins Leben zu integrieren. Jeder entwickelt sein eigenes Wertesystem, mit dem er durchs Leben geht. Zwei Personen können sogar dieselben Werte haben, sie aber unterschiedlich priorisieren.

Bewusst gesetzte Ziele stehen in enger Verbindung mit unseren individuellen Werten. Warum setzen wir uns genau dieses Ziel? Warum sind die Ziele der Menschen so unterschiedlich? Warum fühlen wir uns glücklich, wenn wir ein bestimmtes Ziel erreicht haben?

Hinter erreichten Zielen stecken oftmals unsere erfüllten und gelebten Werte. Ziele sind im Gegensatz zu Werten Stationen im Leben, in denen sich unsere Werte deutlich zeigen. Werte liegen unserem gesamten Handeln zugrunde, sie sind dynamisch.

Die eigenen Ziele zu erreichen, fällt einigen leichter als anderen. Das kann daran liegen, dass die Ziele unklar formuliert oder nicht mit den richtigen Werten verknüpft sind. Du kannst nur im Einklang mit deinen Werten ein sinnerfülltes Leben führen. Wer abenteuerlustig ist, wird in einem langweiligen Bürojob mit sich wiederholenden Routinen unglücklich sein. Wer ein großes Sicherheitsbedürfnis hat, wird sicher nicht mit dem Rucksack eine Weltreise antreten. Im Einklang mit den Werten leben sollte man sowohl im Privaten wie auch im Beruflichen.

Werte können aber auch die Richtung für deine Zielsetzungen vorgeben. Wenn du beispielsweise den Wert Sicherheit ganz oben auf deiner Liste stehen hast, ist es sinnvoll, deine Ziele hierauf auszurichten.

Wie schon beschrieben, sind Werte sehr individuell und können demnach von denen deiner Mitmenschen stark abweichen. Hier sind Toleranz und Achtsamkeit gefragt. Führe dir vor Augen, dass jeder Mensch einzigartig ist und seine eigenen persönlichen Vorstellungen davon hat, glücklich zu sein und seinen Weg zu gehen. Gelingt es dir, wirst du automatisch deine Werteliste um Toleranz, Akzeptanz und Weisheit erweitern können. Grundlegende Werte bzw. Normen ähnlich stark ausgeprägt zu haben, ist jedoch unumstritten wichtig, um eine engere Beziehung eingehen zu können.

Wie du sehen kannst, kommen deine Werte nicht einfach mit einem Fingerschnipsen in dein Leben rein. Es bedarf viel an Reflexion und Ehrlichkeit mit dir selbst, um deine persönlichen Werte zu identifizieren, und letztlich auch der Übung, sie zu integrieren. Aber es lohnt sich! Finde deine eigenen authentischen, wertvollen Werte und lebe mit bzw. nach ihnen.

Auch beim Puzzeln spielen die persönlichen Werte eine Rolle. Allein schon die Entscheidung, zu puzzeln, lässt Rückschlüsse auf deine Werte zu und natürlich auch darauf, wie wir puzzeln. Werte wie beispielsweise Achtsamkeit, eigene Auszeiten und Kreativität stehen sicher ziemlich weit oben in deiner Werteliste. Sonst ergibt sich für den Einzelnen wie dich oder mich keine Sinnhaftigkeit, mit dem Puzzeln anzufangen. Auch Werte wie Wettbewerb, Schnelligkeit und Erfolg sind solche, die dem Puzzle zugeordnet werden können.

Wie bei den persönlichen Werten bilden auch die unter Puzzle abgespeicherten Werte die Rahmenbedingungen für den Puzzleprozess ab. So wird derjenige, der den Wert Sicherheit ganz oben stehen hat, sicherlich mit dem Rahmen starten, während derjenige, der Risikobereitschaft oder Abenteuerlust als Kernwert hat, mit dem Teil des Puzzles startet, der sich spontan ergibt.

Schon die Motivauswahl kann unsere bevorzugten momentanen Werte zeigen. Der Abenteuerlustige wird sich vielleicht der Herausforderung stellen, ein vollkommen einfarbiges wie weißes oder schwarzes Puzzle zu wählen. Und ja, so was gibt es mittlerweile zu kaufen – kaum zu glauben, aber wahr. Der Naturverliebte sucht sich eventuell vorzugsweise ein Naturmotiv aus usw. Einer meiner Seminarteilnehmer schlug einmal vor, die Motivauswahl zum Puzzleseminar so zu wählen, dass die gängigsten Werte durch das Motiv bzw. das ausgewählte Puzzle abgebildet werden, um so einen möglichen ersten Zugang zu seinen Werten zu erleben. In der Reflexion der Teilnehmer konnte ich im Nachgang gut nachvollziehen, warum jeder Einzelne sein Motiv gewählt hat. Sehr spannend und aufschlussreich.

Das Puzzle bzw. das Motiv kann euch zudem dabei unterstützen, einen Wert, den ihr vielleicht mehr leben möchtet, mehr mit euch zu verbinden. Ihr werdet einige Stunden mit dem Puzzeln verbringen, sodass das Motiv – bewusst oder unbewusst – eine starke Wirkung auf euch haben wird. Vielleicht fragt ihr euch mal bei der Motivauswahl: „Welchen Wert möchte ich demnächst mehr leben? Was möchte ich mehr in mein Leben ziehen?" Auf diese Weise könnten andere

Motive für die Auswahl in deinen Fokus rücken und dir dann sehr viel Freude beim Puzzeln bereiten.

Ich hatte den Satz „Zeig mir dein Motiv, und ich sage dir, wer du bist!" zwar schon als Überschrift in dem Kapitel der Motivauswahl verwendet, aber er passt nach meiner Auffassung auch an dieser Stelle noch mal sehr gut.

Des Weiteren kannst du den Puzzleprozess auch nutzen, um deine Werte zu erforschen – wenn du zum Beispiel in der Übung neue Werte für dich aufgeschrieben hast und diese gerne verproben möchtest oder du beim ersten Anlauf deine Kernwerte noch nicht für dich erkannt hast. Leg dir dann am besten neben dein Puzzle ein Blatt Papier und versuche, selbstreflexiv zu überlegen und aufzuschreiben:

„Wieso habe ich mir genau dieses Motiv ausgesucht?
Wie gehe ich beim Puzzeln vor (über den Rahmen oder anders)?
Was ist mir wichtig beim Puzzeln (Ehrgeiz – Ausdauer – Entspannung)?"
„Wie kann ich einen neuen Wert beim Puzzeln (mehr) erleben? Vielleicht mir mehr Freude oder Dankbarkeit schenken?"

Persönliche Werte können dir dabei helfen, deine Ziele leichter zu erkennen und schneller zu verfolgen. Wir wissen genauer, wen oder was wir in unser Leben einbeziehen möchten. Die Werte klopfen nicht einfach an deine Tür oder sind mit einem Fingerschnipsen mir nichts dir nichts in deinem Leben integriert. Es bedarf viel an Reflexion und Ehrlichkeit mit sich selbst, seine Werte zu identifizieren, und letztlich den Mut, um nach ihnen zu leben.

Zum Abschluss dieses Kapitels möchte ich dir gerne das folgende Zitat von Albert Einstein mit auf den Weg geben: „Der Sinn des Lebens besteht nicht darin, ein erfolgreicher Mensch zu sein, sondern ein wertvoller."

Mindset Card 11

Werte sind der
Kompass im Leben.

Impulsübung

Diese Übung kann dir dabei helfen, deine Kernwerte zu erkennen.

1. Notiere drei wichtige Entscheidungen aus deinem Leben, bei denen du dich zu der einen oder anderen durchgerungen hast.

2. Notiere drei Situationen in deinem Leben, in denen dich die Handlung einer Person emotional besonders berührt hat.

3. Notiere drei weitere Situationen, in denen du dich massiv geärgert hast, weil dich etwas wütend oder traurig gemacht hat.

4. Notiere drei Eigenschaften, die für dich bei deinem Partner/ deiner Partnerin unbedingt erfüllt sein müssen, um zusammenbleiben zu können.

5. Schreibe nun deine fünf wichtigsten Ziele oder deine größten Wünsche auf, die dich, wenn du sie erreichen würdest oder sie sich erfüllen würden, sehr glücklich machen würden.

Vergleiche deine Antworten auf die einzelnen Fragen mit den Werten der Werteliste. Welche dieser Werte spielen eine zentrale Rolle, wurden verwirklicht, missachtet oder haben bei einer getroffenen Entscheidung gewirkt? Die Werte, die am häufigsten vorkommen, sind die wichtigsten Werte – für dich deine sogenannten Kernwerte.

Impulsgeschichte

Hier kommt eine kleine Weisheitsgeschichte zum Wert der Liebe.

Die Insel der Gefühle

Vor langer Zeit gab es einmal eine schöne kleine Insel. Hier lebten alle Gefühle, Eigenschaften und Qualitäten der Menschen einträchtig zusammen: der Humor und die gute Laune, der Stolz und der Reichtum, die Traurigkeit und die Einsamkeit, das Glück und die Intuition, das Wissen und all die vielen anderen Gefühle, Eigenschaften und Qualitäten, die einen Menschen ebenso ausmachen. Natürlich war auch die Liebe dort zu Hause.

Eines Tages machte ganz überraschend die Nachricht die Runde, dass die Insel vom Untergang bedroht sei und schon in kurzer Zeit im Ozean versinken würde. Also machten alle ihre Schiffe seeklar, um die Insel zu verlassen. Nur die Liebe, deren Schiff gerade nicht seetauglich war, wollte bis zum letzten Augenblick warten. Sie hing sehr an der Insel.

Als das Eiland schon am Sinken war, bat die Liebe die anderen um Hilfe.

Der Reichtum schickte sich gerade an, auf einem sehr luxuriösen Schiff in See zu stechen, da fragte ihn die Liebe: „Reichtum, kannst du mich mitnehmen?"

„Nein, das geht nicht. Auf meinem Schiff habe ich sehr viel Gold, Silber und Edelsteine. Da ist kein Platz mehr für dich." Also fragte die Liebe den Stolz, der auf einem großen und schön gestalteten Schiff vorbeikam. „Stolz, bitte, kannst du mich mitnehmen?"

„Liebe, ich kann dich nicht mitnehmen", antwortete der Stolz, „hier ist alles perfekt und du könntest mein schönes Schiff beschädigen."

Als Nächstes fragte die Liebe die Traurigkeit: „Traurigkeit, bitte nimm du mich mit."

„Oh Liebe", entgegnete die Traurigkeit, „ich bin so traurig, dass ich allein bleiben muss."

Als die gute Laune losfuhr, war sie so zufrieden und ausgelassen, dass sie nicht einmal hörte, dass die Liebe sie rief.

Plötzlich aber rief eine Stimme: „Komm, Liebe, du kannst mit mir mitfahren."

Die Liebe war so dankbar und so glücklich, dass sie völlig vergaß, ihren Retter nach seinem Namen zu fragen.

Später fragte die Liebe das Wissen: „Wissen, kannst du mir vielleicht sagen, wer es war, der mir geholfen hat?"

„Ja sicher", antwortete das Wissen, „das war die Zeit."

„Die Zeit?", fragte die Liebe erstaunt. „Warum hat mir denn ausgerechnet die Zeit geholfen?" Und das Wissen antwortete: „Weil nur die Zeit versteht, wie wichtig die Liebe im Leben ist." [19]

Werteliste

In der folgenden Übersicht, die von dir noch ergänzt werden kann, findest du eine Reihe von Werten, die in unserer Kultur eine besonders große Bedeutung haben:

Harmonie • Freiheit • Verantwortung • Glück • Lust • Herzlichkeit • Achtsamkeit • Mitgefühl • Humor • Leichtigkeit • Freude • Selbstbestimmung • Ruhe • Gelassenheit • Leidenschaft • Offenheit • Loyalität • Natürlichkeit • Sicherheit • Spiritualität • Gesundheit • Austausch • Großzügigkeit • Nachhaltigkeit • Begeisterung • Frieden • Toleranz • Tradition • Veränderung • Kompetenz • Genuss • Kommunikation • Verbindlichkeit • Zuverlässigkeit • Ordnung • Kreativität • Schönheit • Vitalität • Erfolg • Demut • Dankbarkeit • Spielen • Tiefe • Entwicklung • Geborgenheit • Akzeptanz • Kraft • Zärtlichkeit • Sinnlichkeit • Romantik • Lebenslust • Ästhetik • Vielfalt • Sportlichkeit • Charisma • Häuslichkeit • Wissen • Engagement • Liebe • Weisheit • Rücksicht • Aufregung • Flexibilität • Spaß • Klarheit • Präzision • Besonnenheit • Glaubwürdigkeit • Beharrlichkeit • Ausdauer • Heimat • • Frohsinn • Leistung • Feiern • Behutsamkeit • Effektivität • Effizienz • Bewusstheit • Hoffnung • Optimismus • Ehrlichkeit • Verbundenheit • Beweglichkeit • Vernetzung • Integration • Lebensfreude • Weiterentwicklung • Schutz • Gemeinschaft • Zugehörigkeit • Balance • Ausgeglichenheit • Gerechtigkeit • Fröhlichkeit • Ernsthaftigkeit • Klugheit • Neugierde • Fantasie

• Treue • Einssein • Herausforderung • Lachen • Geduld • Träumen • Freund-schaft • Eleganz • Wärme • Einzigartigkeit • Kultur • Sozialsein • Ruhm • Würde • Gleichmut • Stabilität • Wertschätzung • Fairness • Sorgfalt • Bescheidenheit • Innovation • Macht • Hingabe • Unabhängigkeit • Integrität • Menschlichkeit • Güte • Wandel • Perfektion • Genialität • Zuversicht • Beständigkeit • Achtung • Reichtum • Fülle • Intuition • Risikobereitschaft • Naturverbundenheit • Aben-teuer

Meine 5 wichtigsten Werte

1. ....

2. ....

3. ....

4. ....

5. ....

Platz für deine Gedanken

Lebe deine *Werte,*
sonst sind sie
wertlos

PERSÖNLICHE *Werte* erkennen –
wonach
lebst
du?

Schätze deine
Werte, denn es
sind SCHÄTZE
deiner *Selbstschätzung*

UNSERE *Werte* SIND
UNSERE **TIEFSTEN**
inneren
Überzeugungen

Werte
SIND DIE
RICHTUNGSWEISER
FÜR EIN
ZUFRIEDENES
sinnhaftes
Leben

Werte BILDEN UNSEREN
Rahmen
FÜR UNSER
Verhalten

PUZZLE *vibes*

Glaube nicht alles, was du denkst

KAPITEL 12

Glaube nicht alles, was du denkst

Was haben Glaubenssätze mit einem Elefanten zu tun? Die Antwort darauf gibt eine kleine Weisheitsgeschichte, die wunderbar aufzeigt, wie uns Glaubenssätze aus der Kindheit durchs weitere Leben lenken können.

Eines Tages sah ein Mann einen großen Elefanten, der an einem kleinen Holzpflock angebunden stand und sich nicht von der Stelle rührte. Er hätte sich mit Leichtigkeit losmachen können, tat dies aber nicht. Der Mann fragte den Elefantenführer, warum sich das Tier nicht befreien würde. Dieser antwortete ihm, dass der Elefant als Jungtier immer angebunden gewesen war und viele schmerzhafte Male erfolglos versucht hatte, sich loszureißen, und sich daher irgendwann seinem Schicksal ergeben hat. Bis heute habe er nicht realisiert, dass er mittlerweile groß und stark geworden ist. Seine negativen Erinnerungen hindern ihn daran, zu glauben, dass er in der Lage ist, seine Freiheit zu erlangen und die Ketten zu sprengen.[20]

Diese Geschichte verdeutlicht, dass Verhaltensweisen, die zu einem bestimmten Zeitpunkt bzw. in einer bestimmten Situation richtig waren, nicht für immer gelten müssen. Wir haben immer wieder aufs Neue eine Wahl und neue Möglichkeiten. Glaubenssätze sind innere Überzeugungen, die sich meist in der Kindheit oder im frühen Erwachsenenleben bilden und bestimmte Verhaltensweisen nach sich ziehen. So wie der Elefant bleiben viele Menschen in ihren früh gebildeten Verhaltensweisen verhaftet und überprüfen diese später nicht mehr, um herauszufinden, ob sie noch angemessen sind oder eventuell eine andere Lösung besteht.

Das Zitat „Sie dürfen nicht alles glauben, was Sie denken" vom Schauspieler und Querdenker Heinz Erhardt unterstreicht, dass unsere Gedanken und Emotionen Gewohnheiten sind, die meist völlig automatisch ablaufen, und dass es ein erster Schritt ist, diese infrage zu stellen. Also verlasse den Autopiloten und beginne damit, in Möglichkeiten zu denken. Mache dir bewusst, was deine Prägungen sind, und versuche dann, neue Gewohnheiten, neue Gedanken- und Emotionsmuster zu kreieren. Das wird nicht über Nacht funktionieren und bedeutet harte Arbeit an sich selbst, aber es geht und es lohnt sich.

Hast du dich schon mal gefragt, warum sich bestimmte Situationen in deinem Leben ständig wiederholen? Warum du immer wieder dem gleichen Typ

Mensch begegnest? Warum dieses oder jenes andauernd passiert? Es könnte sein, dass du selbst unbewusst zu diesen wiederholenden Erfahrungen beiträgst. Und zwar durch deine Glaubenssätze, die wie ein Filter dein Bild von dir selbst und der Welt bestimmen.

Glaubenssätze sind unsere inneren Wahrheiten – eigene Überzeugungen, die nicht nur prägen, was wir über uns selbst, andere Menschen und die Welt denken, sondern auch, wie wir uns entsprechend fühlen und verhalten. Ein Glaubenssatz ist eine Meinung, die wir uns aufgrund bestimmter Erlebnisse und Erfahrungen in unserem Leben gebildet haben. Einige unserer Glaubenssätze haben wir auch übernommen, zum Beispiel von unseren Eltern, unserem Freundeskreis, dem Arbeitsumfeld oder der Gesellschaft.

- „Ich bin zu alt, um mich beruflich neu zu orientieren."
- „Ohne ein Studium kann ich nicht erfolgreich sein."
- „Arbeit, die mir Spaß macht, bringt mir kein Geld."
- „Alle guten Männer/Frauen sind vergeben."

Dies ist nur eine kleine Auswahl von möglichen Glaubenssätzen. Solche Aussagen vermitteln uns einen gewissen Halt, einen vermeintlichen Schutz vor Enttäuschungen. Dabei tragen sie unbewusst genau zu diesen sich wiederholenden Enttäuschungen bei.

Jede Art von Glaubenssatz hilft uns bei der Orientierung und Bewertung im Leben. Sie erleichtern unsere Wahrnehmung und unterstützen uns dabei, die Vielzahl an Informationen zu filtern. Positive Glaubenssätze sind zwar wünschenswerter, aber auch die negativen haben durchaus ihre Berechtigung, denn sie zeigen uns, welche Möglichkeiten wir haben, uns persönlich weiterzuentwickeln.

Hierzu ein kleines Experiment: Schau dich einmal in deiner Umgebung um und nimm für zwei Minuten alle Dinge wahr, die **grün** sind. Sammle in Gedanken alle **grünen** Gegenstände und präge dir diese gut ein. Dann schließe die Augen ... und beantworte folgende Frage:

Welche blauen Dinge kannst du aufzählen? Du hast richtig gehört: blau. Nicht schummeln. Ich meine nicht die Dinge, von denen du weißt, dass sie blau sind (wie der Himmel), sondern die Dinge, die du in den vergangenen zwei Minuten bewusst wahrgenommen hast. Vermutlich keine! Oder nur sehr wenige …

Genauso verhält es sich mit unseren Glaubenssätzen. Unbewusst lenken wir unseren Fokus und unsere Aufmerksamkeit immer wieder auf die Menschen und Umstände, die uns in unserer Meinung und Überzeugung unterstützen.

Glaubenssätze können konstruktiv oder destruktiv, also förderlich oder hinderlich sein. Im weiteren Kapitelverlauf konzentriere ich mich auf die negativen, also destruktiven Glaubenssätze, möchte aber zuvor kurz einen Überblick über beide Ausprägungen geben.

Hand aufs Herz, wann hast du das letzte Mal etwas Positives über dich selbst gesagt? Im Alltag konzentrieren wir uns viel zu oft auf unsere Fehler und entwickeln so negative Gedankenmuster.

Positive Glaubenssätze machen Mut, fördern uns, bringen uns unseren Zielen näher mit dem möglichen Nebeneffekt der Selbstüberschätzung sowie der Gefahr, sich ausnutzen zu lassen und grundlegende Probleme zu übersehen. Beispielhafte Sätze sind „Ich bin glücklich mit mir selbst", „Ich kann alles erreichen" oder „Mein Umfeld gibt mir Rückhalt".

Diese positiv formulierten Botschaften können durch häufiges Wiederholen mit der Zeit eine positive Denkweise kreieren. Diese können sich im Unterbewusstsein manifestieren und unser Denken, Handeln und Fühlen vorteilhaft beeinflussen. Es geht darum, schrittweise zu lernen, wirklich an sich selbst zu glauben und auf das Gute im Leben zu vertrauen. Den Blick nicht nur auf die Defizite im eigenen Leben zu richten, sondern ihn besonders auf die guten Dinge zu fokussieren. Dann nehmen wir auch in unser Leben auf, worauf wir eben diesen Fokus legen.

Wenn wir diese positiven Sätze nicht aus unserer Kindheit, aus unserem Umfeld ziehen können, ist es wichtig, sich diese stärkenden Sätze so oft es geht zu sagen, bis wir sie glauben können.

Negative Glaubenssätze schränken uns ein, machen uns klein, richten den Blick auf das Schlechte und verallgemeinern es. Man sagt über sich Sätze wie: „Ich bin in allem ein Verlierer", „Ich bin nicht gut genug" oder „Ich kann niemandem vertrauen."

Ein negativer Glaubenssatz kommt nicht von selbst. Häufig wird er von den Eltern unbeabsichtigt wie ein Samen bereits in der Kindheit ins kindliche Gehirn eingepflanzt. Kommentare wie: „Du kannst dich nicht konzentrieren" oder „Dauernd machst du Fehler" legen den Grundstein für zum Beispiel hier die Angst vor dem Versagen und dort einen Mangel an Selbstliebe. Diese unbewussten Sprüche wandern bei wiederholtem Hören direkt in das Unterbewusstsein und manifestieren sich dort. Aber natürlich sind nicht nur unsere Eltern hierfür verantwortlich.

Die hinderlichen Glaubenssätze beruhen zudem oft auch auf negativen Erfahrungen und möchten uns davor schützen, diese noch mal durchlaufen zu müssen. Das beugt zwar Enttäuschungen vor, führt aber auch zu Frust, Minderwertigkeitsgefühlen und Pessimismus. Wir blockieren uns, trauen uns nichts mehr zu und bleiben so hinter unseren Möglichkeiten zurück.

Nehmen wir ein Beispiel: Wenn wir glauben, dass wir mit Arbeit, die uns Spaß macht, kein Geld verdienen können, dann bleiben wir in dem Job, der uns Geld bringt, auch wenn uns die Arbeit keinerlei Spaß macht. Wir nehmen vor allem die Menschen wahr, die uns in unserem Bild bestätigen, also zwar Spaß in ihrer Arbeit haben, doch davon nicht oder kaum leben können. Auf der anderen Seite tun wir uns schwer damit, für unsere Arbeit einen angemessenen Preis oder Lohn einzufordern, weil wir wissen: „Hey, ich habe ja Spaß dabei!" Und schon kann man wieder schlussfolgern: Arbeit, die Spaß macht, bringt kein Geld.

Dabei ist uns nicht bewusst, dass wir alle Möglichkeiten, neue, positivere Erfahrungen zu machen, von vornherein ausgeschlossen haben. Wir sehen die Chancen, die sich uns bieten, um Geld mit etwas zu verdienen, das uns Spaß machen könnte – gar nicht. Wir berauben uns unserer Chancen. Du erinnerst dich an die Übung mit dem Grün?

Unsere Glaubenssätze werden so zu einer sich selbst erfüllenden Prophezeiung. Unsere Gedanken beeinflussen unsere Handlungen, deine Entscheidungen beeinflussen dein Verhalten. Du verhältst dich und handelst so, wie du über dich denkst, und es ist deine Wahrheit.

> *„Egal, ob du denkst, du schaffst es oder du schaffst es nicht, du wirst immer recht behalten."* (Henry Ford)

Das ist so lange nicht tragisch, wie wir zufrieden und glücklich sind, also hilfreiche innere Überzeugungen entwickelt haben. Wenn du allerdings das Gefühl hast, dass es in dem einen oder anderen Lebensbereich schon seit längerer Zeit nicht so richtig läuft, dann kann es sich lohnen, genauer hinzuschauen und deine blockierenden Glaubenssätze zu beleuchten bzw. zu hinterfragen.[21]

Jeder Mensch hat Glaubens- oder Überzeugungssätze, die eng mit seinen persönlichen Werten bzw. Kriterien verknüpft sind und die sowohl seine Motivationen und Entscheidungsfindungen als auch seine Leistungsfähigkeit erheblich beeinflussen können. Sie prägen nicht nur den Lebenswillen und die Fähigkeiten, mit Stress umzugehen, sondern ermöglichen auch die Entwicklung sowie Gestaltung von positiven Lebensplänen, Zielen und Bedürfnissen.

Durch die jahrelange Prägung und Wiederholung sind die gebildeten Glaubenssätze tief verankert in unserem Gehirn und somit in unseren Denkweisen und Handlungsmustern. Diese inneren Überzeugungen laufen demnach aus neurobiologischer Sicht völlig automatisch, also unbewusst ab, da sich die Neuronen durch die wiederkehrenden Erfahrungen gut miteinander verbunden haben. Wollen wir Veränderungen, brauchen wir neue, bessere Glaubenssätze. Auf dem Weg dahin müssen wir jedoch erst einmal unsere einschränkenden Überzeugungen erkennen, was eine echte Herausforderung darstellt, denn sie laufen – wie gesagt – unbewusst ab.

Im Folgenden gebe ich dir ein paar Tipps, wie du diese negativen Glaubenssätze bei dir aufdecken kannst. Der erste Schritt ist eine gründliche und möglichst ehrliche Selbstreflexion:

Wovon bin ich überzeugt? Welche Annahmen stehen für mich absolut fest?
Wie schätzt du dich selbst ein? Wie bewertest du bestimmte Situationen?
Welche vorgefertigten Meinungen trägst du in dir?

Nutze bestimmte Denkschubladen oder Verallgemeinerungen, die du einsetzt, um Menschen, Situationen und Informationen zu selektieren bzw. einzuordnen. Mit diesen Verallgemeinerungen sind viele Glaubenssätze eng verbunden.

Unsere heutigen Glaubenssätze sind häufig durch prägende frühere Erlebnisse gebildet worden, so führe dir wichtige Augenblicke und Zeiten deines Lebens vor Augen und stelle dir dazu die folgenden Fragen:

Was hat mich besonders geprägt? Was beschäftigt mich heute noch?
Woran denke ich immer wieder?

Sich mit diesen unangenehmen Situationen auseinanderzusetzen, ist zwar eine Herausforderung, aber auch äußerst effektiv, um die Schlüsselerlebnisse herauszufiltern, die die blockierenden Glaubenssätze hervorgerufen haben.

Jetzt kennst du einige deiner einschränkenden Glaubenssätze, die dir im Weg stehen. Wie kannst du diese nun verändern bzw. auflösen? Wir übernehmen nämlich erst dann wieder das Steuerrad und haben die Kontrolle über unsere inneren Überzeugungen.

Mache zunächst einen Realitätscheck, sprich, stimmt das wirklich? Hinterfrage deine gefühlten Wahrheiten, betrachte sie kritisch und überprüfe sie. Hinterfrage hierfür auch die Ursachen.

Woher kommt der Glaubenssatz?
Wovor schützte mich dieser Glaubenssatz bisher?

Ein hindernder Glaubenssatz kann beispielsweise auch lauten: „Wenn ich beruflich erfolgreich bin, kann ich keine gute Mutter/kein guter Vater sein." Hieran anknüpfend, solltest du dich fragen: „Wie trägt es dazu bei, dass ich eine gute Mutter/ein guter Vater bin, wenn ich mich beruflich selbst verwirkliche?"

Fragen aktivieren unser Gehirn. Anstatt direkt eine positive Überzeugung aufzustellen, die wir sowieso (noch) nicht glauben, suchen wir erst mal Antworten auf diese Fragen. Wir öffnen uns so für neue Perspektiven, die uns dann in einem neuen, hilfreichen Glaubenssatz bestärken.

Ein Analysebeispiel: Der Satz „Weil ich kein Abitur habe (X), kann ich keine Karriere machen (Y)" kann wie folgt durchleuchtet bzw. hinterfragt werden:

- Was ist die Konsequenz, wenn ich diesen Satz beibehalte? *(Konsequenz des Beibehaltens)*
- Was genau bedeutet Karriere für mich? *(Konkretisieren)*
- Ist es wirklich immer so? *(Verallgemeinern)*
- Bei wem hat es dennoch funktioniert? *(Gegenbeispiel)*
- Was ist mir wirklich wichtig? *(Prioritäten überprüfen)*
- Woher kommt dieser Satz? *(Entstehung hinterfragen)*

Durch die Beantwortung dieser Fragen findest du die positiven Absichten deines Glaubenssatzes. Man kann den Glaubenssatz auch umkehren oder ihm einen neuen Rahmen geben, indem man ihn in eine Frage umwandelt. Positives Denken kann dir dabei helfen, aktiv etwas zu verändern. Ein Glas kann beispielsweise als halb leer oder als halb voll angesehen werden. Durch das Umkehren ist es möglich, einem Geschehen oder einer bestimmten Situation einen neuen Sinn oder eine andere Bedeutung zu verleihen. Positives Denken wirkt sich nachhaltig auf unser Wohlbefinden aus, das haben schon viele Forscher nachweisen können.

Mache aus „Ich bin nicht gut genug" ein „Ich bin gut und richtig, so wie ich bin".

Die neuen, positiven Glaubenssätze musst du dir immer wieder bewusst machen und in dein Unterbewusstsein einprogrammieren. Am besten ist es, diese positiven Überzeugungen auf eine Karte zu schreiben und diese gut sichtbar vor dich hinzustellen. So können sich die neuen Denkmuster mit der Zeit etablieren und der Schalter kann regelrecht *umgelegt* werden. Löse deine innere Handbremse.

Ohne oder mit wenigen negativen Glaubenssätzen wird man selbstbewusster, gelassener, zufriedener und fröhlicher. Man lebt sein Potenzial!

Diese Herangehensweise habe ich selbst, bei vielen Klienten und in meinen Seminaren angewendet und bin immer wieder überrascht, wie effektiv man damit sich selbst helfen kann. Mach allerdings zunächst kleine Schritte, diese tiefgreifenden Überzeugungen brauchen Zeit und Raum, um sich transformieren zu können. Versuche, die Sätze so zu formulieren, dass die Ziele leichter erreichbar sind und keine zu großen Sprünge bedeuten. Das Bild einer Treppe mit vielen nicht zu hohen Stufen kann dabei unterstützen. Insbesondere hilft es, wenn du Schwierigkeiten hast, dein Selbstwertgefühl anzuerkennen. So formuliere den Satz „Ich bin selbstbewusst und trete jederzeit selbstsicher auf" um in „Ich setze den Fokus auf mein Selbstwertgefühl und arbeite stetig daran". Der Trick ist, eine Formulierung zu finden, die deiner Empfindung möglichst nahekommt und deren Worte nicht zu positiv für dich sind. So können Zweifel ausgeschaltet werden und du kannst dich mit Zuversicht deiner neuen positiven Überzeugung nähern.

Versuche, andere positive Erfahrungen zu machen, auf denen sich die neuen Überzeugungen aufbauen können. So begib dich gezielt in neue Erlebnisse bzw. Situationen, in denen du schöne Emotionen und Erinnerungen sammeln kannst. Orientiere dich an Vorbildern und frage dich: „Was würde X, Y oder Z in dieser Situation tun?"

Jede kleine, aber angenehme Erfahrung bringt dich einen guten Schritt weiter. Lass dir genügend Zeit, diesen Veränderungsprozess durchzugehen. Du arbeitest an Überzeugungen, die du seit vielen Jahren oder sogar Jahrzehnten verinnerlicht hast, die sich nicht auf die Schnelle auflösen lassen. Solltest du allein nicht gut weiterkommen, lass dir durch ein Coaching von einem Experten helfen, der dich in deinen Prozessen begleitet.

Beim Puzzeln sind die Glaubenssätze ein Herzstück, denn unsere Glaubenssätze bestimmen bereits die Motiv-Teileauswahl und sind Mitbestimmer im gesamten Puzzleprozess. Durch den Perspektivenwechsel erkennen wir, dass sie nicht in Stein gemeißelt sind, sondern vielmehr verändert werden können. Glaubenssätze steuern uns, ohne dass uns dies bewusst ist. So haben wir vermutlich immer schon sortiert – das Puzzle, Menschen, unsere Meinungen –, ohne die Kriterien zu kennen.

Interessant ist hierfür, zu beobachten, wie wir ein Puzzle zusammenstellen. Anfangs suchen wir uns eher die leichten Teile heraus, meist die Randstücke, die einfach zusammenzufügen sind. Erst danach wagen wir uns an den inneren, schwierigeren Teil des Motivs. So ist es auch mit den Glaubenssätzen. Bevor wir uns mit diesen inneren, nicht so leicht und schnell zu transformierenden Prozessen auseinandersetzen, braucht es einen gewissen Leidensgrad. Zudem benötiget es Mut und Geduld.

„Warum habe ich mir genau dieses Motiv ausgewählt? Warum eher das leichter zu bewältigende als die Profiversion? Was blockiert oder hindert mich daran, in anhaltender Freude durch den Puzzleprozess zu gleiten? Wieso finde ich seit Stunden nicht die richtigen Teile, um im Puzzle weiterzukommen?" Diese und viele andere Fragen beruhen auf unseren inneren Überzeugungen und machen uns das Leben generell sowie bestimmte Situationen leichter oder herausfordernder.

In meinen Puzzleseminaren hatte ich unter anderem auch mehrere Teilnehmer, die nur wegen der Seminarinhalte gebucht haben und eigentlich überhaupt keine Puzzles mögen. So gingen sie von Anfang an mit dieser Einstellung an das 1.000er-Puzzle heran und haben sich bis zum Ende des Seminars darin bestätigt gefühlt, auch weiterhin keine Puzzles anzufassen. Wenn die innere Bereitschaft zur Veränderung nicht vorhanden ist, um die Komfortzone zu verlassen, kann selbst der beste Coach nicht unterstützen. Ein Satz, den ich schon von meiner Oma immer wieder als Kind gesagt bekommen habe – „Probiere es doch einfach mal!" –, prägt mich bis heute. Er bestärkt mich darin, mich wieder auf Neues einzulassen und danach immer noch die Entscheidung treffen zu können, dass es nicht mein Weg ist.

Ein Teilnehmer hat mal wutentbrannt sein Puzzle in die Ecke geschleudert und es auch nicht wieder neu gestartet, nachdem er nach Stunden keine passenden Teile gefunden hatte. Es wurde hierdurch deutlich, dass er sich selber voll im Weg stand und der Wutausbruch die Entladung des inneren Druckes war. Er konnte nicht Ausschau nach Lösungsansätzen halten. Das Puzzle war sein Katalysator. Ich freue mich, wenn sich solche Krisen zeigen, denn hierin liegt das Geschenk der persönlichen Entwicklung.

Wer immer nur denkt „Ich kann das nicht – ich schaffe das nicht!", setzt sich selbst nur unnötige Grenzen. Da fällt mir spontan die faszinierende Besonderheit der Hummel ein – hast du davon schon gehört? Also: Die Hummel hat eine Flügelfläche von 0,7 cm² bei 1,2 g Körpergewicht. Nach den aerodynamischen Gesetzen, die im Windkanal bewiesen wurden, kann eine Hummel überhaupt nicht fliegen. Es ist, faktisch gesehen, einfach unmöglich! Das Verhältnis von Größe, Gewicht und Form ihres Körpers zur Spannweite ihrer Flügel machen ihr das Fliegen unmöglich.

Da sich die Hummel dieser wissenschaftlichen Tatsache aber nicht bewusst ist und außerdem mit beachtenswerter Zielstrebigkeit ausgestattet ist, fliegt sie eben doch und sammelt täglich Honig! Warum nur? Sie weiß einfach nicht um die Wissenschaft, sie hört nicht auf die *Ratschläge* ihres Umfelds: „Das kannst du doch nicht, dafür bist du zu jung, zu alt, zu überqualifiziert, zu wenig qualifiziert usw."

Beim Puzzeln kann es durchaus passieren, dass ein Puzzleteil fehlt. Oh Schreck! So erging es meiner Seminarkollegin mit einem Puzzle aus China, weshalb sie leider nicht die Firma Ravensburger anschreiben konnte, um das fehlende Teil zu reklamieren. Bewundernswert fand ich, dass sie dann erklärte, wie wunderbar diese Erfahrung sei. Denn trotz des einen fehlenden Teils halten doch die anderen Teile alle zusammen und bilden ein Ganzes, zudem kann man trotzdem das Motiv problemlos erkennen. Ist es nicht eher unser Perfektionismus als innere Überzeugung, die uns lenkt und uns denken lässt, nun sei das ganze Puzzle nichts mehr wert?

In einer Übung meiner Seminare leite ich die Teilnehmer dazu an, sich die beim Puzzeln aufkommenden Glaubenssätze nebenher aufzuschreiben und zu sammeln. Manche melden sich häufiger und wiederholen sich, manche nur in besonderen Momenten. Du kannst sicher sein, dass sich der eine oder andere Glaubenssatz auch bei dir melden wird. So ist das Puzzle ein wunderbares Instrument dafür, seine eigenen hinderlichen Überzeugungen zu finden. Selbst der absolute Puzzleprofi geht durch Höhen und Tiefen. In den Krisen finden wir unsere Lernlektionen und können innerlich daran wachsen.

Wähle einen oder zwei Glaubenssätze, die sich während des Puzzelns hartnäckig öfter gemeldet haben, und formuliere sie entsprechend (wie vorangehend erläutert) in einen positiven Glaubenssatz um. Aus den Teilnehmererfahrungen heraus ist diese spielerische Reise zu sich selbst sehr leicht und effektiv: Du aktivierst dein Unterbewusstsein durch den Puzzleprozess. Mache dir diese neuen positiven Glaubenssätze immer wieder bewusst und beobachte aktiv, wie sich dein Handeln dadurch verändert.

Ich habe die Erfahrung gemacht, wenn ich in dem Gedankenkreis verharre, dass ich das passende Teil nicht finde oder das Puzzle zu schwer für mich ist, dann realisiert sich das Gesagte und ich suche und suche und werde stetig unmotivierter. Verinnerliche ich mir in einer solchen Situation, dass ich das passende Stück gleich sehen werde bzw. dass das Puzzle zwar herausfordernd ist, sich aber ein Weg finden wird, wird es gefühlt leichter in meinem Inneren und es steigt die Finderquote deutlich an. Probiere es für dich aus und sammele deine Erfahrungen.

Sich selbst zu coachen, setzt eine gut ausgeprägte Selbstwahrnehmung voraus. In erster Linie ist es wichtig, dass du dir selbst ein guter Zuhörer und ehrlich zu dir bist. Das ist garantiert nicht immer einfach und es wird Momente geben, in denen es besser funktioniert, und andere, in denen es herausfordernder für dich sein wird. Umso bedeutender ist dein Durchhaltevermögen. Zudem ist es eine Grundvoraussetzung, sich selbst besser kennenlernen zu wollen und dazu bereit zu sein, die Komfortzone zu verlassen. Akzeptiere auch diese herausfordernden Stationen, denn genau in diesen lernst du am meisten bzw. wächst innerlich.

Ein Vorteil des Selbstcoachings ist, dass du es jederzeit selbst einleiten kannst und nicht zum Beispiel auf einen Coach oder Therapeuten angewiesen, also völlig flexibel in puncto Zeitpunkt, Dauer und Intensität bist. Du bist selbst dein Kreator und umso stolzer, wenn du deine Prozesse allein in Gang setzt. Du wirst selbstsicherer, kannst schneller und eigenständiger Blockaden lösen. Bemerkst du aber bei der Suche, dass du dich zu stark belastet fühlst, solltest du dir Hilfe suchen. Nicht jeder Schritt in einem Veränderungsprozess bedarf der direkten Unterstützung eines Coaches. Im professionellen Gespräch können aber eine Vertiefung, ein gegebenenfalls gewünschter Austausch und ein Feedback im Anschluss eine effektive Ergänzung darstellen, um in deiner persönlichen Weiterentwicklung nachhaltiger und schneller voranzukommen.

Im Gegensatz zum Leben, welches in ständiger Bewegung und Veränderung unterworfen ist, müssen die Puzzleteile genau zusammenpassen, und zwar in einer vorgegebenen Ordnung. Beim Puzzle gibt es keine Alternativwege – keine Kompromisse, wie wir sie im Leben eingehen können, um das vorgegebene Endmotiv fertigzustellen. Aber man hat die Gewissheit, dass die passenden Teile alle vorhanden sind. Allerdings habe ich auch schon ganze Puzzleabschnitte wieder auflösen müssen, da sie nur vermeintlich zusammenpassten. Es fiel immer zügig auf, da an anderer Stelle genau diese Teile fehlten. In unserem Leben müssen wir dies selbstständig für uns erkennen und reflektieren. Wir kennen unser Schlussbild heute noch nicht. Es benötigt Geduld, Ausdauer und Vertrauen, damit alle Puzzleteile zum Ende hin zusammenfinden und ein großes Ganzes bilden. Im Grunde ist es so auch in unserem Leben. Wenn wir bestimmte Lektionen für unser inneres Wachstum nicht annehmen, verschieben wir sie auf einen späteren Zeitpunkt oder scheiden irgendwann ohne diese Erfahrungen wieder aus dem Leben. Das Puzzle würde dann unfertig bleiben. Gehen wir nicht unseren authentischen Weg, wird es sich für uns nicht gut anfühlen, und wir bleiben in dem Gefühl, etwas im Leben verpasst oder nicht gelebt zu haben.

Der Glaube daran, dass dies möglich ist, dass wir unsere Bestimmung im Leben finden können, ist der notwendige Antreiber für uns, weiter auf der Suche zu bleiben.

Wenn man positiv denkt und an sich selbst glaubt, ist man bestens für Herausforderungen gewappnet und in der Lage, sie zu bewältigen.

So ist jeder noch so kleine Schritt nach vorne ein weiterer Schritt in unserer persönlichen Entwicklung, die jeder in seinem individuellen Tempo im Leben geht. Fügen sich unsere Schritte leicht wie Puzzleteile zueinander, sind es meist die richtigen. Es darf auch leicht gehen im Leben, glaube daran.

Du kannst so viel mehr, als du glaubst.

Weisheitsgeschichte

Erzählung von dem Mönch und der Mauer

Ich war mal bei einem buddhistischen Vortrag, in dessen Verlauf ein Lehrer eine kleine Geschichte erzählte, welche mir bis heute im Gedächtnis geblieben ist.

Es war einmal ein Mönch, welcher den Auftrag erhielt, um sein Kloster eine kleine Mauer zu bauen, die aus 1.000 Steinen bestehen sollte. Der Mönch freute sich über diesen Auftrag sehr. So begann er also, alle Dinge, die dafür nötig waren, zusammenzusuchen, und machte sich auch gleich an die Arbeit. Er setzte Stein auf Stein und arbeitete sehr genau, damit auch ja alle zufrieden mit ihm und seiner Arbeit sein würden.

Tag und Nacht arbeitete er sehr hart, bis er schließlich an sein Ziel kam und die Mauer aus 1.000 Steinen stand.

Er ging um sein Werk herum und bewunderte es, bis er feststellte, dass von den 1.000 Steinen zwei schief waren. Er wurde daraufhin innerlich sehr wütend.

Dann kam ein Wandermönch vorbei, ging langsam auf und ab und schaute sich die Mauer genau an. Der Wandermönch war sehr begeistert von der Arbeit des Mönchs und sagte zu ihm: „Ich bewundere sehr Ihr Werk, Sie haben da wirklich ganz tolle Arbeit geleistet und die Mauer sieht sehr gut aus." Daraufhin entgegnete der Mönch: „Bist du blind, siehst du denn nicht die zwei schiefen Steine?"

Und der Wandermönch sagte: „Doch, ich sehe die zwei schiefen Steine sehr wohl, aber ich sehe auch die 998 geraden Steine."

Diese kleine Geschichte soll uns dazu anregen, uns auf das Positive auszurichten und nicht das Unperfekte in den Fokus zu stellen. Wie viel leichter kann so unser Leben ablaufen und uns beflügeln, an uns zu glauben und uns wertzuschätzen. So können wir Zugriff auf unser volles Potenzial erlangen und zufrieden, motiviert und selbsterfüllt leben.[22]

Platz für deine Gedanken

 Hinterfrage kreativ **DEINE** Glaubenssätze

GLAUBENSSÄTZE SIND **DENK-GEWOHNHEITEN**

Es sind die **GRÖßTEN HÜRDEN** auf dem **WEG** der Selbstverwirklichung

Ein Glaubenssatz entsteht aus persönlichen Erfahrungen, die sich durch WIEDERHOLUNGEN zu Regeln entwickeln.

WIR HABEN ES IN DER HAND, DIESE REGELN ZU VERÄNDERN.

ÄNDERE DEINE Gedanken & DU VERÄNDERST dein Leben.

PUZZLE vibes

Traum - Plan - Ziel

KAPITEL 13

Traum – Plan – Ziel

Wir alle haben unsere Träume, Pläne, Wünsche oder Ziele – wie immer wir es nennen wollen –, und doch leben wir sie oft nicht, sagen eher zu uns selbst: „Es sind ja doch nur Schäume." Ich frage dich daher:

Wovon träumst du? Und wie geht es dir mit dieser Frage? Was wünschst du dir für dein Leben? Welches Ziel möchtest du erreichen? Worauf möchtest du zurückblicken, wenn du älter bist? Würdest du endlich deine Berufung leben oder zumindest mit viel mehr Freude arbeiten wollen? Würdest du eine erfüllte Partnerschaft auf Augenhöhe führen wollen? Dein Herzensthema in die Welt bringen wollen? Wobei spürst du, dass es deinem Leben eine ganz neue Qualität und Erfüllung geben könnte?

Viele reagieren auf diese Fragen nach ihren Lebensträumen mit Ablehnung. Warum ist das so? Vielleicht, weil sie glauben, dass das Leben für Träume zu hart ist? Weil ihnen jemand erzählt hat, dass Wünsche etwas für Kinder sind? Möglich wäre auch, weil sie keine Antworten auf diese Fragen haben. Es gibt viele Gründe, sich mit seinen eigenen Träumen nicht auseinanderzusetzen.

Wenn du auf manche der Fragen Antworten hast, dann frage dich als Nächstes:

Was hindert dich daran, deine Träume anzugehen? Warum hegst du Zweifel an der Umsetzung?

Wenn wir unsere Träume leben, geben wir unserem Leben sowohl Sinn als auch Orientierung und führen ein sinnerfülltes, glückliches Leben. Unsere Träume und tiefsten Wünsche lassen uns spüren, was in unserem Leben wirklich wesentlich ist und wofür wir uns einsetzen wollen. Unsere Träume bzw. deren Umsetzung verleihen uns Energie und lassen uns lebendig fühlen. Das Zitat von Kurt Marti – „Wo kämen wir hin, wenn alle sagten, wo kämen wir hin, und niemand ginge, um einmal nachzuschauen, wohin man käme, wenn man ginge" –

zeigt wunderbar, wie wichtig es ist, auch mal unbekannte Wege zu gehen. Nur dann können wir Erkenntnisse gewinnen und lernen. In mir wird durch diesen Satz eine große Sehnsucht nach Abenteuern ausgelöst und der Antrieb geweckt, mich aus der Komfortzone zu bewegen.

Nimm deine Träume in die eigenen Hände und folge deinem Herzen. Erfülle deine Träume und realisiere deine Lebensaufgaben. Glaube an dich und gestalte dein Leben eigenverantwortlich mit dem Mut in dir selbst, der dich zum Ziel bzw. zum Erfolg bringen wird. Deine Träume in die Tat umzusetzen beginnt damit, deine inneren Ängste zu besiegen und deine negativen Glaubenssätze loszulassen. Deine Zeit ist so kostbar, also starte jetzt.

Die Energie folgt der Aufmerksamkeit. Das ist einer meiner Kernsätze. Wenn ich den Glauben habe, etwas wirklich bewirken zu können, und dann noch positive Energie dazugebe, können regelrecht Wunder geschehen oder Wünsche real werden, von denen man ansonsten nur träumt. Das Parkplatzwunder ist und bleibt für mich eines der prägnantesten Beispiele: Wenn du den unerschütterlichen Glauben daran hast, dass es in einer entsprechenden Alltagssituation einen passenden Parkplatz für dich gibt, wirst du auch einen erhalten. Ich bin keine gute Einparkerin, obwohl ich schon alle möglichen Kameras und Pieper an meinem Auto habe. Der Glaubenssatz, keinen für mich passenden Parkplatz zu finden, ist so tief in meinem Unterbewusstsein verankert, dass ich meistens auch keinen finde. Bis heute arbeite ich hieran. Spätestens dann, wenn ich mit meinem Mann oder meinem Sohn unterwegs bin und sie mir mal wieder vor Augen führen, wie das mit der richtigen Energie und Aufmerksamkeit geht. Denn sie finden gefühlt immer den gewünschten Parkplatz – mehr oder weniger direkt vor der Tür. Und zeigen mir dadurch, dass mit positivem Glauben vieles in Bewegung gesetzt werden kann.

Also, wie möchtest du leben? Ein erster Schritt ist, dir bewusst zu machen, welche Wünsche, Träume und Ziele du hast. Wenn du dir nicht darüber im Klaren bzw. so zufrieden mit der aktuellen Situation bist, kannst du natürlich trotzdem ein glückliches Leben führen. Du allein entscheidest. Triff für dich eine bewusste Entscheidung. Wir alle haben jedoch die Möglichkeit, unsere Träume wahr werden zu lassen.

„Wie kann ich das schaffen?" Positives Denken ist ein erster wichtiger Schritt, aber damit darf es nicht aufhören. Um deine Träume, Wünsche oder Ziele zu verwirklichen, musst du ihnen einen Rahmen, sprich Form und Struktur geben. Finde also heraus, welche Aktivitäten dir wirklich Freude machen. Was siehst du? Wer steht neben dir? Wie fühlt es sich an, deinen Traum zu leben? Manifestiere dieses Gefühl und verankere es tief in dir. Die Gedanken daran tragen dich und sorgen auch für Motivation in herausfordernden Zeiten. Darum ist es so wertvoll, sich das Ziel in all seinen Facetten sinnlich mit einer Art Gedankenreise auszumalen. Bunt ausstaffiert und die Nuancen klar dargestellt – als befände man sich bereits am Ziel, mit all den wundervollen Gefühlen, die einen dann durchströmen.

Wie sieht das Ziel aus, wie schmeckt es, wie fühlt es sich an, wie riecht es und hat es einen Rhythmus? Da wollen wir hin, richtig? Je realer das Zielbild mit der Vorstellungskraft erstellt wird, umso größer ist die Wahrscheinlichkeit, es zu erreichen. Das Ziel zieht uns magisch an. Und deshalb ist es auch wichtig, sich beim Puzzeln das Endmotiv immer wieder vor Augen zu führen. Auch die häufig wiederholte Übung, sich das Ergebnisbild vorzustellen und zu spüren, ist hilfreich, um dem Ziel Schritt für Schritt entgegenzulaufen.

Ich arbeite ein- bis zweimal im Jahr ganz gezielt an meinen Herzenswünschen, tauche in sie ein und fühle dabei mit allen Sinnen, wie es bei deren Erfüllung sein wird. Schon vor zehn Jahren habe ich meine beiden absoluten Herzenswünsche aufgeschrieben: erstens ein Buch zu schreiben und zweitens andere Menschen in ihren Veränderungsprozessen als Coach zu unterstützen. Ich habe diese Wunschvorstellungen groß, größer, am größten beschrieben und aufgeschrieben. Vor sechs Jahren habe ich die berufliche Neuausrichtung gestartet, arbeite nun als systemischer Coach bzw. Seminarleiterin und begleite meine Klienten dabei, in eigenen Schritten jeweils ihren Weg zu gehen. Vor einem Jahr habe ich begonnen, dieses Buch zu schreiben, weil ich weiß, es ist der Schlüssel dafür, noch mehr Menschen die Möglichkeit zu geben, ohne persönliche Betreuung spielerisch über den Katalysator Puzzeln sich selbst zu erfahren. Der Weg in die Selbstermächtigung lässt dich von der Reaktion in die Kreation bringen und die Fäden in die Hand nehmen.

Es hat Zeit benötigt, die mich daran hindernden Glaubenssätze aufzulösen und mir zuzutrauen, mit 50 Jahren noch einen Neuanfang starten zu können. Anfangs fehlte mir der Mut, mein Buch ganz allein zu schreiben. So startete mein Projekt zunächst mit einer professionellen Ghostwriterin. Im Prozess des Schreibens habe ich dann aber Stück für Stück die Gewissheit gespürt, meine Komfortzone hier verlassen zu müssen, denn nur so würde das Buch zu **meinem** Buch werden – zu dem, was ich so viele Male vorher schon visualisiert hatte. In meinen Wunschbildern und Vorstellungen zur Buchentstehung habe ich immer am Strand gesessen, den Ausblick aufs Wasser genossen und geschrieben. Nun ist es zwar nicht zum direkten Wasserzugang gekommen, aber ich habe den zweiten Teil des Manuskripts größtenteils mit Blick auf eine wunderschöne Bucht auf Mallorca verfasst. Es ist nie zu spät, Neuanfänge zu starten, und ich kann dir aus meiner Erfahrung heraus nur bestätigen: Es lohnt sich. Unter anderem hat mir der Leitgedanke „Hab keine Angst vor einem Neuanfang. Diesmal fängst du nicht bei null an, sondern mit Erfahrung!" in dem gesamten Prozess sehr viel Unterstützung gegeben.

Auch du hast nun dein Zielbild vor Augen. Träumen allein reicht aber nicht für die Umsetzung und Realisierung aus. Entscheidend dafür ist die Herangehensweise, die du am besten schriftlich formulieren solltest. Durch das Aufschreiben werden deine Wünsche konkreter und die Zugkraft deiner Ziele erhöht sich. Das ist so ähnlich, als würde man einen Vertrag mit sich selbst abschließen, in dem man sich zu seinen Zielen bekennt. Die genaue Formulierung deiner Ziele ist sehr wichtig, hierzu solltest du ein paar Hinweise beachten. Deine Ziele sollten erreichbar, jedoch auch nicht zu kurz gesteckt sein, sondern eine Herausforderung darstellen. Sie sollten nicht von anderen Personen abhängen, du solltest hierauf direkten Einfluss nehmen können. Zu große oder hoch gesteckte Ziele können uns schnell frustrieren und zum Aufgeben bewegen. Prüfe daher genau, welche Größe für dich passt. Sollte das Ziel trotzdem groß bleiben, bilde Unterziele. Wenn du zum Beispiel ein Seminarzentrum im Ausland aufbauen möchtest, könnten Teilschritte hierzu sein: den konkreten Ort bestimmen, die Familie überzeugen, die Landessprache lernen, bestimmte fachliche Kenntnisse erwerben, die notwendige Investitionssumme aufbringen, ein mögliches Objekt finden und, und, und. Unbedeutende Ziele wirken unattraktiv und fordern uns nicht heraus, sodass wir schnell die Lust daran verlieren können. Konkret formulierte Handlungen bringen dich in Richtung deines Zieles und unterstützen dich auf dem Weg dahin. Solltest du mehrere Ziele in nächster Zeit erreichen wollen, dann setze Prioritäten, sortiere sie also nach Wichtigkeit.

Achte zudem genau auf die sprachliche Formulierung. Ziele sollten immer positiv und in der Gegenwart formuliert sein. Beschreibe dabei so viele Details wie möglich. Die Messbarkeit deines Zieles ist auch wesentlich dafür, dass du überprüfen kannst, ob und wann du das Ziel tatsächlich erreicht hast. Sie bezieht sich zum einen auf quantitative Fakten (zum Beispiel: „Wie viele Kilos möchte ich abnehmen? Wie viel Prozent Marktanteil möchte ich erreichen?"), zum anderen auf qualitative Aspekte („Wie soll es mir bei der Zielerreichung gehen? Bin ich dann zufriedener, ausgeglichener?").

Die **S.M.A.R.T.-Formel** kann dich als Methode sehr gut dabei unterstützen, den Zielbildungsprozess zu durchlaufen. Die S.M.A.R.T.-Ziele wurden das erste Mal 1981 in einem wirtschaftswissenschaftlichen Aufsatz von George T. Doran erwähnt. Doran formulierte darin eine Methode, mit der sich Ziele systematisch festlegen lassen.

S steht für spezifisch und bedeutet, die Ziele so konkret und genau wie möglich für dich zu formulieren.

M steht für messbar, das heißt, die Bestimmung der qualitativen und quantitativen Messgrößen deines Zieles.

A bedeutet attraktiv: Wähle nur für dich ansprechende Ziele, auf die du auch Lust hast und die dich herausfordern.

R steht für realistisch, sprich: Ist dein Ziel erreichbar innerhalb der Zeit und mit den Mitteln, die dir zur Verfügung stehen?

T bedeutet terminiert, also die Ziele zeitlich bindend zu planen: Was ist bis wann zu erledigen? [23]

An einem Beispiel hierzu wird die Vorgehensweise mit der S.M.A.R.T.-Methode gut verdeutlicht. Du möchtest körperlich fitter werden und nimmst dir seit gefühlten Ewigkeiten schon vor, dies in die Tat umzusetzen? Solange dein Ansinnen so vage bleibt, wird eher der innere Schweinehund gewinnen und du die Couch vorziehen. Also formuliere es klar: „Bis Ende des Jahres werde ich insgesamt 500 km joggen, so werde ich eine sportlichere Figur bekommen und bin ausgeglichener." Dieses Ziel ist spezifisch (joggen), messbar (500 km), attraktiv (bessere Figur und Laune), realistisch (500 km sind nicht übertrieben, solange man sich das Ziel nicht erst im November oder Dezember setzt) und terminiert (bis Ende des Jahres). Benutze auf keinen Fall die Verben „probieren", „versuchen" oder „möchten" bei deiner Zielsetzung, denn diese Wortwahl hält dir immer ein Hintertürchen offen.

So können beliebige andere Ziele auch konkreter für dich aufgestellt werden. Wir fühlen uns generell mit persönlichen Zielen zufriedener, sie stärken unser Selbstbewusstsein und Selbstvertrauen.

Folgende Situation kennen wir fast alle: Man hat zu viele Dinge auf einmal auf dem Zettel und versucht, zu viele Bälle gleichzeitig in der Luft zu halten. Dies führt dazu, dass man zwar sehr beschäftigt, aber zu wenig produktiv und zielorientiert unterwegs ist. Schlafstörungen, Stress, mentale und körperliche Beschwerden können die Folge sein. Also finde deine eigenen Prioritäten und gehe Schritt für Schritt vor. Zu sehen, wie das, was wir als Lebensziele formulieren, sanft und kontinuierlich ein neues Bett für den Fluss unserer Gedanken, Handlungen und Ergebnisse schafft, erfüllt uns mit großer Dankbarkeit. Natürlich bietet das Leben weiterhin die eine oder andere überraschende Wendung, mal zum Guten, mal zum weniger Guten. Wenn wir unsere Werte und Ziele kennen, werden wir die Kurve in die für uns optimale Richtung kriegen und auch durch stürmische Zeiten gut durchnavigieren. Auf diese Weise (er)füllt sich unser Lebenspuzzle nach unseren Vorstellungen Stück für Stück.

Wie ist es nun also mit den Träumen, Wünschen und Zielen beim Puzzeln? Das Puzzle bietet unterschiedliche Möglichkeiten, diese zu realisieren und in die Tat umzusetzen. Kaum zu glauben, oder?!?

Du wolltest beispielsweise immer schon mal in die Karibik reisen? Oder im Grand Canyon wandern? Dann hast du mit dem passenden Puzzlemotiv schnell und einfach die Möglichkeit, dorthin zu reisen und in die Umgebung einzutauchen. Diese Bildreise lässt dich aus dem Alltag aussteigen und motiviert dich dazu, deinen Reisewunsch Wirklichkeit werden zu lassen. Durch die längere Verweilzeit beim Puzzeln in den Traumkulissen können sich diese zudem innerlich mit dir verbinden und Verknüpfungen generieren. So habe ich schon mal mithilfe eines Puzzles den Antelope Canyon in den USA besucht, den ich schon sehr lange bereisen möchte. Irgendwie haben sich bislang noch nicht die richtigen Türen geöffnet, diesen Wunsch umzusetzen, wahrscheinlich waren die Prioritäten bisher einfach andere. Nun steht dieses Reiseziel aber endlich ganz oben auf meiner Bucket-Liste, denn ich konnte durch das Puzzeln dieses Motivs die warmen Farben, die Wärme und den indianischen Bergführer regelrecht schon sehen, fühlen und hören. Dies mit allen Sinnen vorab wahrgenommen zu haben lässt mich eine besondere Vorfreude spüren, schon sehr bald diese Reise Realität werden zu lassen.

Was wäre dein Traummotiv, dein Wunschort, dein Wunschhaus, dein Wunschhobby, das du gerne realisieren möchtest?

Durch die Vielzahl von Puzzlemotiven sind hier fast keine Grenzen gesetzt. Mittlerweile kannst du sogar dein Fotowunschmotiv als Puzzle erstellen lassen und Teil für Teil auf dein Ziel hin puzzeln. Es können sogar wichtige Zitate, Sprüche oder Symbolwörter dort Platz finden – für denjenigen, der sich mehr über Wörter angesprochen fühlt. Ein Puzzle kann dir zudem eine Challenge, eine Herausforderung bieten, indem du das für dich Unmögliche möglich machst und zum Beispiel ein ganz weißes Puzzle bewältigst bzw. fertigstellst. Oder du nimmst dir vor, ein Puzzle mit 10.000 Teilen zu schaffen. Was immer deine Herausforderung hier wäre. Den eigenen Stolz danach zu fühlen und zu spüren, es geschafft zu haben, lässt dich selbstbewusster dafür werden, auch ganz andere Aufgaben einfach mal anzupacken. Mittlerweile gibt es bei Puzzles kaum Grenzen hinsichtlich der Auswahl von Umfang, Formen und Farben.

Du kannst mithilfe des Puzzles auch die S.M.A.R.T.-Formel üben. Zum Beispiel kann **S** für „Ich möchte puzzeln", **M** für „Ich puzzle 2.000 Teile", **A** für „Ich wähle ein Wunschmotiv, das mir gefällt", **R** für „Ich habe schon 1.000 Teile gepuzzelt, daher sind auch 2.000 machbar" und **T** für „Ich möchte es nach dem Urlaub fertig haben" stehen.

Zusätzlich kannst du anhand des Puzzelns üben, ein Hauptziel in Unterziele aufzuteilen. Du hast beispielsweise das für dich sehr herausfordernde Hauptziel, ein 5.000-Teile-Puzzle zu schaffen, und nimmst dir zunächst vor, den Rahmen zu realisieren, anschließend einen einfacheren ersten Motivteil zusammenzusetzen usw. Nach Fertigstellung jedes einzelnen Teilziels kannst du dich schon feiern, dir auf die Schulter klopfen und dich mit deutlich mehr Motivation an herausfordernde Teile wagen. Diesen Prozess zu üben, kann dir dabei helfen, in deinem Leben auf die gleiche Art und Weise Ziele zu finden, zu bilden und zu realisieren. Jeder in seinem Tempo, in seinen Machbarkeiten und mit seiner Herangehensweise, um diese Ziele in sich zu verankern.

Beim Puzzeln trifft Herausforderung auf Kompetenz. Der Prozess besteht aus vielen Teilzielen. Im Prinzip ist jedes gefundene Einzelteilchen als Erfolg zu werten auf dem Weg zum Endziel. Das Glücksgefühl lässt sich kaum in Worte fassen. Insbesondere das Gesamtergebnis ist ein Symbol für deinen Durchhaltewillen, macht dich stolz und bringt dir Anerkennung – auch von außen. Das Puzzle ist demzufolge ein wunderbares Instrument, dich deinen Herzenszielen näherzubringen, weil du über die Auswahl des Motivs oder die Anzahl der Teile die Größe der Herausforderung steuern und somit üben kannst, wie du danach auch im „richtigen" Leben deine Traumziele angehst.

Durch das Bewusstwerden unserer Werte und das Transformieren unserer negativen Glaubenssätze schaffen wir einen fruchtbaren Boden für die Realisierung unserer gesetzten Ziele. Ist das Ziel im Einklang mit meinen Werten und habe ich Zweifel an der Realisierung? Sollte eine Frage von dir mit Nein beantwortet werden, dann überprüfe nochmals deine Ausgangslage, denn sie ist entscheidend für deinen Zielerfolg.

Wir sollten immer nach etwas streben, sonst verkümmern wir, und dies hört mit dem Älterwerden nicht auf. So brauchen wir Ziele ein Leben lang.

Erwecke deine Vision zum Leben und sorge für die dazu passenden Gefühle, die dich dorthin bringen werden. Nichts ist unmöglich für jeden, der es versucht, sagte schon Alexander der Große.

Bewege dich vom
Wünschen hin zum Tun.

Impulsübung

Dein idealer Tag

Bist du bereit für den schönsten Tag in deinem Leben? Dann los!

Stell dir vor, über Nacht geschieht ein Wunder, denn am nächsten Morgen wachst du auf und es ist der Beginn eines idealen Tages in deinem Leben. Geh über die Grenzen deines Alltags – die Welt steht dir offen. Es ist ein Tag, der deiner Wunschvorstellung von einem wundervollen Leben entspricht.

Es gibt nur eine Regel: Dein idealer Tag darf dir nicht so schnell langweilig werden. Erfinde Details dafür. Auch das, was du jetzt schon hast oder erlebst, kann in deinem idealen Tag vorkommen. Nimm dir ein Blatt Papier sowie einen Stift und beschreibe ihn so bildlich, detailliert und emotional wie möglich.

Beantworte dabei Fragen wie: Wo wachst du morgens auf? In welchem Land lebst du? Wie sieht dein Zuhause aus? Mit welchem Gefühl startest du in den Tag? Wer ist bei dir? Was macht dir Freude? Womit beschäftigst du dich? Wie bewegst du dich? Was ist der Höhepunkt deines idealen Tages? Was hörst du?

Fließe gedanklich durch deinen Tag hindurch und nimm alles wahr, was dich umgibt und berührt. Wichtig ist: Lass dir für diese Übung genügend Zeit. Je klarer du innerlich bist und weißt, was du im Leben möchtest, desto eher kannst du das in der Realität gestalten.

Forme als Nächstes reale Ziele, die aus deinem idealen Tag hervorgehen, und sortiere dafür vorab die einzelnen Elemente davon.

Ordne die Komponenten deines idealen Tages den folgenden drei Kategorien zu:

→ Welche Teile sind für dich absolut unverzichtbar? Wobei würde dir das Herz brechen bzw. was würde dich wirklich unglücklich machen, wenn du es nicht bekommen oder erreichen könntest?

→ Welche Teile sind dir zwar wirklich wichtig, wenn du sie aber nicht bekommen könntest, würde es auch irgendwie gehen?

→ Welche Teile deines idealen Tages wären schon richtig nett, sind aber trotzdem verzichtbar?

Jetzt hast du die einzelnen Teile deines idealen Tages in diese drei Kategorien einsortiert. Damit wird schnell deutlich, was die wichtigsten Träume für dich sind. Diese könnten auch deine wichtigsten Ziele sein.

Wenn du deinen Tag aufgeschrieben hast, lies dir deine Geschichte laut vor. So tauchst du noch mal tief in deine Wünsche ein und sie verbinden sich intensiv mit dir. Vielleicht magst du auch deinen Wunschtag in ein schönes Notizbuch übertragen, das auf deinem Nachttisch liegt und womit du morgens oder abends regelmäßig in deinen idealen Tag eintauchen kannst.

Dein Wunschtag macht dir bewusst, wie du leben und arbeiten möchtest. Mit diesem Bild vor Augen fällt es leichter, die kleinen Entscheidungen des Alltags zu treffen. Führt mich dieses oder jenes weg oder hin zu meinem idealen Tag? Halte jeden Morgen einen Moment inne und lies dir deinen idealen Tag immer wieder vor. Wie kannst du heute ein Stückchen davon in deinen wirklichen Tag einfließen lassen?

So kommst du Tag für Tag – Puzzleteil für Puzzleteil – ein Stück weiter zu deinem Lebensglück.

(Übung nach Barbara Sher, einer amerikanischen Erfolgsautorin)

Meditation

Oase der Ruhe
Ich lade dich ganz herzlich zu dieser Ziel-Visions-Meditation ein.

Suche dir eine bequeme Sitzposition. Richte deine Aufmerksamkeit mehr und mehr nach innen – schließe langsam sanft deine Augen – beachte nun bewusst deinen Atem – atme ein, atme aus – die Bauchdecke hebt sich und senkt sich wieder.

Lass nun aus deiner Erinnerung den Ort eines idealen Tages, wo du dich absolut wohlgefühlt hast, in deiner Vorstellung auftauchen: das Bild, das du vorhin für dich aufgeschrieben hast. Betrachte diesen Ort vor deinem inneren Auge. Ist das Bild schwarz-weiß oder farbig? Und wenn es farbig ist: Welche Farben hat es? Wie ist das Licht darin, welche Umgebung gehört dazu? Bist du selbst in dem Bild und/oder andere? Gehören wichtige Gegenstände zum Bild?

Und während du dein Bild betrachtest, höre einmal, welche Töne und Geräusche zu ihm gehören: vielleicht Stimmen, vielleicht Naturgeräusche, vielleicht Musik oder auch Stille ...?

Und vielleicht gehört zu deiner Erinnerung auch ein bestimmter Geruch oder Geschmack, den du jetzt fast wieder riechen oder schmecken kannst. Und lass nun auch das Gefühl, das du damals hattest, wieder ganz intensiv werden, lass dich erfüllen von diesem Gefühl.

Und während du in Gedanken an deinem schönen Ort bleibst, lass vor deinem inneren Auge eine Leinwand auftauchen – worauf nun als Nächstes ein Film erscheint, der dich zeigt, wie du gerade dabei bist, dein Ziel zu erreichen.

Schau dir genau zu. Beobachte, nicht nur wie du stehst, sitzt oder liegst, sondern auch deine Gesten, vielleicht deinen Gesichtsausdruck und die Art, wie du mit anderen umgehst.

Und höre dann auch einmal auf deine Stimme und darauf, welche Worte du wählst oder wie sich deine Stimme anhört. Und nun werde selbst ein Teil dieses Films: Spüre, wie du dich fühlst, wenn du dein Ziel erreichst, spüre deinen Gesten und deinem Gesichtsausdruck nach, vielleicht hörst du auch den Klang deiner Stimme.

Lass nun den Film auf der Leinwand wieder verblassen und bleibe noch für einige Zeit in Gedanken an deinem schönen Ort. Genieße es, dort zu sein, wo du dich erholst und neue Energie tankst. Fühle die Ruhe und den Frieden, die dir diese Vision schenkt. Atme langsam weiter, während du die Szenen der Meditation mit all deinen Sinnen erlebst.

Bei jedem Einatmen atme Harmonie und Kraft ein, bei jedem Ausatmen lasse Erschöpfung und Anspannung los. Atme ein und wieder aus.

Entferne dich nun in Gedanken langsam wieder von diesem wunderbaren Ort. Du kannst jederzeit zurückkehren. Strecke und dehne dich ein wenig – atme einige Male tief durch ... Dann öffne die Augen und komm wieder ganz wach im Hier und Jetzt an.

Die ganze geführte Meditation findest du auch als Audiodatei auf meiner Website: www.myamenity.de

Platz für deine Gedanken

ALLES BEGINNT mit einem Traum

Lebe DEINEN TRAUM

Ein ZIEL ist ein Traum mit PLAN

Ziele machen aus etwas UNSICHTBAREN etwas SICHTBARES

ZIELE SCHAFFEN Klarheit UND Fokussierung

ZIELE gestalten UNSER Leben aktiv

ZIELE LASSEN UNS wachsen UND STÄRKEN UNSER Selbstbewusstsein

PUZZLE vibes

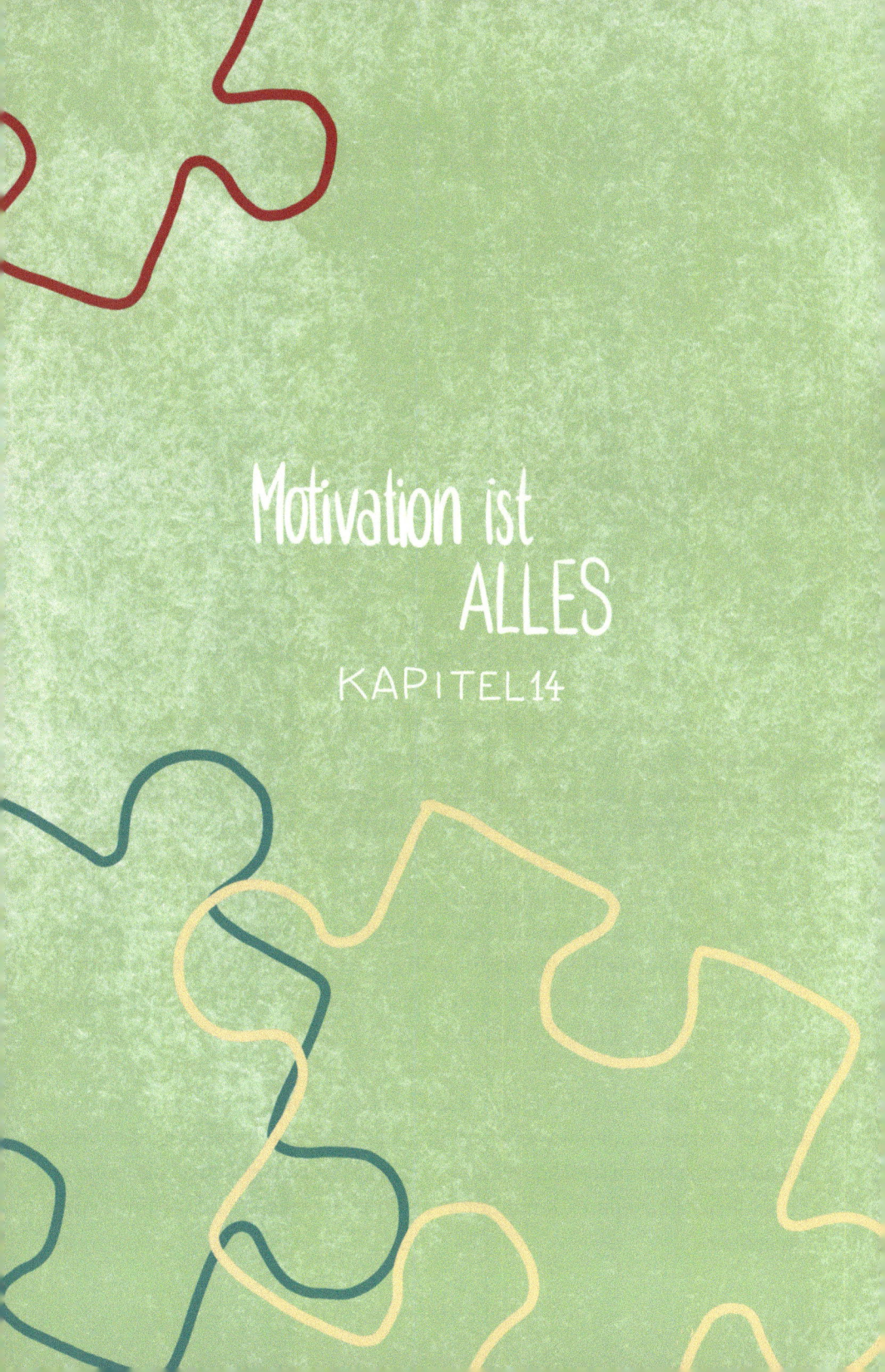

Motivation ist ALLES

KAPITEL14

Motivation ist alles

Du wolltest im Urlaub einen bestimmten Gipfel erklimmen? Du möchtest eine neue Fremdsprache in deiner Freizeit erlernen? Was treibt uns an, unsere Ziele zu verwirklichen und alle Hindernisse zu überwinden? Das ist Motivation. Nur wenn wir motiviert sind, werden wir aktiv und laufen los.

Motivation ist im übertragenen Sinne der Motor, der uns unsere Ziele verfolgen und aktiv handeln lässt. Jede deiner täglichen Handlungen geschieht aufgrund verschiedener Motive, die dich dazu bewegen, bestimmte Dinge zu tun. Der Begriff Motivation kommt aus dem Lateinischen, wobei *motus* für „Bewegung" steht.

Motivation ist der Antrieb, der uns über uns hinauswachsen lässt. Dafür muss der Motor aber auch regelmäßig mit Treibstoff in Form von (Zwischen-)Erfolgen, Anerkennung von außen oder Spaß an der Tätigkeit versorgt werden. Wer motiviert ist, der ist zufriedener, aktiver, belastbarer und engagierter in seinem Tun. Wer motiviert ist, hat ein starkes Gefühl von Willens- und Entschlusskraft sowie ein größeres Durchhaltevermögen, um das angestrebte Ziel zu erreichen.

Per Definition ist Motivation der Zustand einer Person, der sie dazu veranlasst, eine bestimmte Handlungsalternative auszuwählen, um ein gewünschtes Ergebnis zu erreichen, und der dafür sorgt, dass diese Person ihr Verhalten hinsichtlich Richtung und Intensität beibehält.[23]

Einige Menschen sind nie versiegende Motivationsquellen und sprudeln nur so aus sich heraus, anderen wiederum graut es schon am berüchtigten Sonntagabend vor der Arbeitswoche. Warum ist das so? Es ist wohl eine Mischung aus persönlicher Einstellung, Konditionierung und der eigenen Bewertung äußerer Umstände.

Motivation ist aber nicht gleich Motivation. Wir können zwischen zwei Arten von Motivation unterscheiden: der intrinsischen und der extrinsischen Motivation. Intrinsisch bedeutet, man tut etwas aus sich selbst heraus, was einem eine Freude bereitet oder für einen persönlich Sinn ergibt. Die Aufgaben erledigen sich dann wie von selbst und bereiten keine Anstrengung.[25]

Mein Mann ist ein leidenschaftlicher Gärtner, auch wenn er beruflich etwas ganz anderes macht. Er hat unseren Garten über zwei Jahre komplett umgestaltet: Erde gebaggert, neue Ebenen eingebaut, eine komplett neue Bepflanzung integriert, einen Bachlauf gebaut – und das alles voller Freude ohne jede Anstrengung und ohne jegliches Zeitgefühl. Das hat meine Geduld stark strapaziert, denn ich hätte den Garten natürlich gerne einfach nur schnell fertig gehabt. Ich hingegen kann mich tagelang ohne Ermüdung mit Inneneinrichtung und Dekoration beschäftigen. Hier fragt sich mein Mann dann ab und an, warum wir schon wieder ein wenig „umräumen" müssen. Es war doch vorher auch schon schön. So hat jeder Einzelne von uns seine eigenen inneren Antriebsmotoren, die wie von selbst laufen. Diese zu kennen, bringt uns in unsere Kraftquellen und schafft dann in Folge Motivation.

Dahingegen hängen extrinsisch motivierte Aufgaben vom Außen ab, zum Beispiel von der Anerkennung anderer, dem Erreichen eines Bonus oder dem Vermeiden negativer Konsequenzen. Fallen diese Außenfaktoren weg, kann es leicht sein, dass auch die Motivation verschwindet. Der Einzelne hat wenig Einfluss darauf, sich im Alleingang wieder zu stabilisieren – im Gegensatz zu intrinsisch Motivierten. Bei extrinsisch Motivierten ist es herausfordernder, dass sich langfristiger Erfolg und Zufriedenheit einstellen kann. Ein Beispiel für extrinsische Motivation ist das Aufräumen oder Staubsaugen, was wahrscheinlich den wenigsten von uns Spaß macht. Wir machen solche Tätigkeiten nur, weil von der Gesellschaft erwartet wird, dass es sauber und ordentlich ist.

Hobbys übst du hingegen meist aus intrinsischer Motivation heraus aus, da sie dir Freude bereiten.

Die beiden Arten von Motivation schließen sich nicht gegenseitig aus, sondern ergänzen sich häufig sogar. Du erfüllst dir beispielsweise deinen Lebenstraum und machst dein Hobby zum Beruf. Die Erfüllung ist hierbei intrinsisch motiviert – nun auch damit Geld zu verdienen, extrinsisch. Jede der beiden Arten ist zielführend, hilft dir im Alltag und bringt dich zum Handeln. Quasi ein Traumpaar aus zwei Puzzleelementen!

Um langfristig motiviert zu bleiben, ist es wichtig, die intrinsischen über die extrinsischen Impulse zu stellen. Die Wirkung der extrinsischen Motive nimmt mit der Zeit deutlich ab und muss demnach erneuert oder verstärkt werden, um den Anreiz aufrechtzuhalten. So brauchen viele Mitmenschen immer höhere Geldprämien oder Gehälter, um wirklich zufrieden zu sein. Erledigst du möglichst viele Aufgaben, die intrinsisch motiviert sind – du darin also einen Sinn erkennst –, die deinen Wertvorstellungen entsprechen und auf die du direkten Einfluss nehmen kannst, wirst du dich auf Dauer erfüllter fühlen, deine Ziele zu verfolgen und zu realisieren.

Stelle deinem inneren Selbst nun Fragen wie: „Warum hast du angefangen? Was möchtest du erreichen?" Wenn du beispielsweise nur Sport machst, um abzunehmen oder mit deinen Freunden mitzuhalten, wirst du wahrscheinlich nicht langfristig dranbleiben. Treibst du aber Sport, weil es dir Spaß macht, dann bist du innerlich motiviert und wirst es höchstwahrscheinlich engagiert durchziehen. Um notwendige, unabwendbare oder unangenehme Aufgaben leichter zu gestalten, verknüpfe sie mit etwas, das dir Freude bereitet. Höre zum Beispiel beim Aufräumen deine Lieblingsmusik oder belohne dich danach mit einer Lieblingsspeise. Warte nicht mit einer unangenehmen Aufgabe, bis sie unbedingt erledigt werden muss. Entscheide dich bewusst dafür, diese Aufgabe zu erledigen, und plane sie ein. Erkenne den Sinn der Aufgabe, dann bist du mit mehr Spaß bei der Sache.

Neben den beiden Arten lässt sich Motivation in zwei Richtungen unterscheiden: „weg von" oder „hin zu" etwas. Wenn du einem unerwünschten Zustand entfliehen möchtest, bestimmt die „weg von"-Motivation dein Handeln. Ein Konflikt am Arbeitsplatz oder Streitigkeiten mit dem Partner können dich dazu motivieren, diese Zustände zu vermeiden. Viele versuchen, ihrem persönlichen Leidensdruck zu entkommen, und stellen sich nicht der Herausforderung. Bei der „hin zu"-Motivation agiert man genau gegenteilig: Statt die Situation zu vermeiden, möchtest du sie gezielt herbeiführen. Du erkennst, dass du beispielsweise aus dem Konflikt lernen kannst oder sich dein Leben dadurch womöglich verbessert. Sprich, du siehst die positiven Effekte und gehst die Situation mit Freude an.

So fokussiere dich in deinem Leben eher auf das, was geht, und nicht darauf, was dir fehlt bzw. nicht geht. Du wirst feststellen, wie viel Energie du durch den Leitgedanken „für etwas sein" gewinnen kannst. Hier passt wieder wunderbar das Beispiel des halb leeren oder halb vollen Glases. In beiden Varianten ist das Glas zu exakt 50 Prozent gefüllt, aber dein Betrachtungswinkel macht es zu einem halb leeren oder einem halb vollen Glas. Du selbst hast immer die Entscheidung, deine Energien zu lenken und in anderen oder neuen Möglichkeiten zu denken.

Jeder von uns fühlt sich von Zeit zu Zeit mal unmotiviert. Um neue Motivation zu erlangen, finde heraus, was genau dich hindert oder hemmt, welche Ursachen hierfür bestehen. Dies kann beispielsweise Überforderung, können Ängste oder keine bzw. falsch gesteckte Ziele sein. Sei ehrlich und aufmerksam mit dir. Hast du die Blockaden gefunden, gilt es, Gegenmaßnahmen einzuleiten. Sortiere nach Prioritäten, setz dir neue Ziele oder bitte jemanden aus deinem Umfeld um Hilfe. Du wirst sehen, dann lösen sich die Blockaden viel leichter.

Es ist wichtig, dass du dir hierbei immer wieder auch deine persönlichen Werte bewusst machst. Motiviert sein kannst du nur, wenn deine Handlungen mit ihnen im Einklang stehen.[26] Manchmal kann es unmittelbar helfen, für 60 Sekunden die Mundwinkel bewusst nach oben zu nehmen und zu lächeln. Du amüsierst dich gerade innerlich und fragst dich, wie das helfen soll? Nun es ist wissenschaftlich erwiesen, dass durch die Bewegung der Mundwinkel automatisch Glückshormone (unter anderem Serotonin) freigesetzt werden. Das versetzt dich sofort in einen besseren Zustand. Du fühlst dich durch diese Miniübung positiver und somit motivierter. Ganz leicht eigentlich, oder? So viele von uns haben es regelrecht verlernt, öfters am Tag zu lächeln.

Wie wir uns motivieren können, erkennen wir auch beim Puzzeln sehr deutlich. Wenn wir wissen, was uns motiviert, können wir das für unsere Entwicklung und unsere Erfolge nutzen.

Beim Puzzeln geht man wie im Leben durch manche Höhen und Tiefen. Dabei hilft es ungemein, nicht zu streng mit sich selbst zu sein, sondern an der einen oder anderen Stelle aus sich herauszutreten und den kleinen „Wüterich" aus einer anderen Perspektive anzuschauen. Plötzlich ist es gar nicht mehr so schlimm und die Energie kann durch das Ausprobieren mal anders fließen. Indem du dir Teilschritte für deinen Puzzleprozess vornimmst, kann dich das Erzielen dieser Unterziele dazu motivieren, so lange weiterzupuzzeln, bis das gesamte Motiv fertig ist. Solche Teilschritte können sein: den Rahmen fertigzustellen, ein Untermotiv zu puzzeln oder den Himmel zu vollenden. Wenn es mal gar nicht weitergeht, mache eine Pause, gönn dir etwas Gutes (vielleicht mit einer Tasse Kaffee) oder hol dir jemanden dazu, der mal mit „über die Schulter" schaut – also Hilfe. Bei mir und meinen beiden Männern ist das immer lustig. Denn meistens dauert es weniger als drei Minuten und sie haben das Teil gefunden, nach dem ich vorher eine halbe Stunde lang gesucht habe. Hierdurch übst du ganz spielerisch und in einem entspannten Rahmen, jemanden um Hilfe zu bitten. Das fällt dir dann auch später bei anderen Blockaden im „richtigen" Leben leichter. Kleine Übung, große Wirkung.

Intrinsische von extrinsischer Motivation unterscheiden zu lernen, dafür ist das Puzzeln ideal, wie folgende Beispiele zeigen. Intrinsisch motiviert bist du beim Puzzeln, wenn du es magst oder sogar liebst und du dir ein Motiv ausgesucht hast, das dir wirklich Spaß macht und Freude bereitet. Oder du siehst einen Sinn darin, indem du dir beispielsweise durch das Puzzeln eine Auszeit gönnst, dabei Achtsamkeit trainierst und dir ein Zielbild (als Puzzlemotiv) visualisierst. Dies sind Garantien dafür, dein Puzzleabenteuer auch bis zum Ende zu bereisen. Ist man extrinsisch beim Puzzeln motiviert, vielleicht, weil gerade alle Freunde um einen herum puzzeln und man möchte dabei sein, oder aber man wird eher weniger Durchhaltevermögen und Motivation aufbringen, das Puzzle fertigzustellen, weil jemand behauptet hat, man würde kein Puzzle wirklich beenden können. Kommt dann das erste oder zweite Tief, hat man wenig bis kein Durchhaltevermögen, stoppt das Puzzle unter Umständen und fängt es höchstwahrscheinlich auch nicht wieder an. Auch hier kann eine Mischform bestehen – zum Beispiel dann, wenn jemand zwar gerne puzzelt, es aber für denjenigen auch wichtig ist, das fertige Puzzle zu zeigen oder als Bild aufzuhängen, um von anderen die Anerkennung für das zu bekommen, was geschafft wurde.

Mit diesem Bewusstsein für die Motivation übst du von Puzzle zu Puzzle immer weiter und kommst schneller in die ersten Teilerfolge. Je attraktiver dein gestecktes Ziel – sprich, dein Motiv – ist, umso motivierter gleitest du durch den Puzzleprozess. Jedes Puzzleteil ist ein wertvolles Teilziel zum Gesamterfolg. Je mehr sich das Motiv erkennen lässt, umso leichter fällt es uns, dranzubleiben. Das Ende (Ziel) naht, und man ist mittlerweile geübter darin, die Teile zueinander finden zu lassen, da man die einzelnen Strukturen oder Farben nun viel schneller erkennt und zuordnen kann.

Hierbei lernst du, dass jeder noch so kleine Schritt, also jedes einzelne Puzzleteil, dich deinem Ziel näherbringt. Auf diese Weise bewirkt Puzzeln noch etwas Wichtiges, denn du erfährst damit spielerisch, dass viele kleine Schritte – es können sogar 1.000 und mehr sein – dich zu deinem Ziel führen. Durch das Trainieren verankert sich diese Erkenntnis fest in deinem Bewusstsein, und so wirst du die nächste Herausforderung, sei sie beruflich oder privat, in viele kleine Schritte einteilen. Schritt für Schritt rückt dann dein Ziel näher. Puzzleteil für Puzzleteil erkennst du deutlicher das Motiv, und die Motivation steigt, es zu vollenden.

Zufriedenheit und Spaß gehen Hand in Hand mit einer hohen Motivation. Wer motiviert ist, schützt seine Gesundheit, ist belastbarer und fühlt sich glücklicher durch die Freude seines Tuns. Motiviert geht eben alles leichter von der Hand.

Lasse es innen in dir brennen,
damit du nach außen leuchten kannst.

Impulsübung 1

Aufspüren von intrinsischer Motivation

Wähle ein Projekt oder eine Aufgabe, das oder die dir zwar wichtig ist, dem bzw. der du aber mit gemischten Gefühlen gegenüberstehst. Du hast trotzdem ein gutes Bauchgefühl und möchtest dein Vorhaben gerne umsetzen. Es sollte jedoch realistisch und noch nicht in der Umsetzung sein. Und der Zeitrahmen dafür sollte möglichst nicht länger als sechs Monate betragen.

Unterteile nun dein Projekt in fünf bis zehn sinnvolle und konkrete Arbeitsschritte, die aufeinanderfolgen. Nimm ein DIN-A4-Blatt und ziehe in der Mitte eine vertikale Linie. Schreibe als Nächstes die einzelnen Schritte untereinander auf die linke Seite. Zeichne anschließend auf der rechten Seite eine Skala von –5 über 0 zu +5, wobei –5 stark negative Gefühle anzeigt, 0 neutral ist und +5 für stark positive Gefühle steht.

Gehe gedanklich deine einzelnen Arbeitsschritte durch und visualisiere sie, achte dabei auf deine emotionalen Reaktionen, benenne diese und quantifiziere sie einzeln in der Skala auf der rechten Seite.

In der Auswertung bedeuten positive Gefühle, dass die geplanten Aufgaben oder Handlungen intrinsisch motiviert sind und die negativen einen Mangel hieran aufweisen. Für diese ist mehr Willenskraft erforderlich. Je höher du ein Vorhaben auf der Plus-Skala bewertet hast, umso motivierter bist du innerlich, es umzusetzen. Je mehr du in der Minus-Skala einsortiert hast, desto mehr bist du von außen motiviert und somit abhängiger von der Außenbestätigung.

Will ich wirklich, was ich will? Habe ich viel Freude an dem, was mir Freude macht? Was kann ich tun, um die negativ bewerteten oder knapp nur positiv gesetzten Aufgaben für mich attraktiver zu gestalten?

Schreibe dir hierzu jeweils Lösungsmöglichkeiten auf und betrachte dann dein Vorhaben nochmals aus diesen neuen Perspektiven. Wirst du es nun anpacken? Solltest du weiterhin die meisten Unterpunkte im negativen Skalenbereich einsortieren, überdenke dein Vorhaben und entscheide dich, es aufzugeben oder zeitlich zu verschieben. Manchmal ist einfach nicht der richtige Zeitpunkt für ein Projekt, dann gehe es später erneut an.

Übung abrufbar über: www.hfph.de

Impulsübung 2

Motivation mit der 5-Minuten-Technik

Fehlt dir die Motivation, das Notwendige anzupacken? Dann ist diese Übung Gold wert. Damit gehst du unüberwindbar erscheinende Berge mit Leichtigkeit an, denn du schrumpfst den Berg auf Miniaturgröße, und der Weg wird ganz leicht. Der Trick: Nimm dir vor, nur 5 Minuten an einer ungeliebten Aufgabe zu arbeiten. 5 Minuten schafft man. Auch wenn es etwas Unangenehmes ist.

→ Schalte alle Ablenkungsmöglichkeiten für die kommenden 5 Minuten aus.
→ Stell den Timer deines Handys oder einen Kurzzeitwecker auf 5 Minuten.
→ Starte den Timer.
→ Fange sofort mit der Aufgabe an. Nur für 5 Minuten.
→ Wenn die 5 Minuten abgelaufen sind, stoppe sofort.
→ Mach kurz eine Pause, atme dreimal tief ein und aus.
→ Frage dich danach: Habe ich gerade Lust, noch weitere 5 Minuten in diese Aufgabe zu investieren?
→ Antworte ganz ehrlich, ohne dich selbst unter Druck zu setzen.

Falls nein: Okay, dann hör jetzt wirklich damit auf und mach etwas anderes. Es ist sehr wichtig, dass du dir an dieser Stelle die Freiheit nimmst, „Nein" zu sagen, wenn dir danach ist. Nur dann funktioniert diese Technik. Wenn du dich hingegen selbst unter Druck setzt, weiterzumachen, funktioniert sie nicht.
Falls ja: Geh zurück an deine Aufgabe. Starte die nächsten 5 Minuten.

Mit der 5-Minuten-Methode Dinge anpacken

Schreib eine Liste mit den fünf wichtigsten Dingen, zu denen du dich unbedingt motivieren möchtest (zum Beispiel abends vor dem Schlafengehen das Wohnzimmer und die Küche aufräumen, das Buchprojekt anfangen, Sport machen, mehr Gemüse essen ...)

1. ....

2. ....

3. ....

4. ....

5. ....

Mit der 5-Minuten-Motivation schaffst du es nicht nur, dich einfacher und besser zu motivieren. Die Arbeit fällt dir sehr wahrscheinlich auch leichter, weil du mehr im Flow bist.

Mit der 5-Minuten-Methode Dinge abstellen

Diese Technik ist somit eine sehr gute Motivationshilfe, um Dinge anzupacken. Sie kann aber auch andersherum funktionieren: als Motivationshilfe, um mit Dingen aufzuhören. Wenn du beispielsweise zu lange abends vor dem Fernseher sitzen bleibst, nimm dir einfach vor, das Fernsehen 5 Minuten lang zu unterbrechen. Wenn du danach immer noch Lust darauf hast, kannst du weitermachen, ansonsten solltest du es beenden und ins Bett gehen.

Dadurch, dass du dich nicht zu einer Aufgabe zwingst, bist du entspannter und schaffst so auch die Voraussetzung, entspannter zu arbeiten. Sind wir entspannt, schaffen wir mehr in weniger Zeit. So ist mehr Zeit für andere Dinge, die uns auch wichtig sind.

Weitere Inspiration findest du unter: www.zeitzuleben.de

Platz für deine Gedanken

Motivation IST DAS, WAS DICH *starten* lässt.

MOTIVATION wirkt am *nachhaltigsten* von

INNEN NACH AUSSEN

Motivation IST DER SCHLÜSSEL ZU *Glück* & *Erfolg*

MOTIVATION *entfesselt* UNSER *Potential*

Sei stärker als deine STÄRKSTE *Ausrede*

PUZZLE *vibes*

Starkes inneres Team

Team

KAPITEL 15

Starkes inneres Team

„Was sind das für Stimmen im Kopf?! Bin ich jetzt verrückt?" Keiner gibt es gerne zu, aber wir erleben solche Situationen alle. Der innere Dialog mit sich selbst ist der stärkste und härteste zugleich. Jeder von uns hat sich bestimmt schon dabei ertappt, wie er oder sie mit sich selbst spricht. Besonders intensiv sind diese inneren Selbstgespräche nach einem emotional aufregenden Erlebnis oder wenn man vor Herausforderungen steht. Unser Gehirn reflektiert dann unser Verhalten, malt sich die Auswirkungen von Entscheidungen sowie die Möglichkeiten für die Zukunft aus und spielt so verschiedene Szenarien durch.

Die wenigsten wissen jedoch, dass dieser innere Dialog nahezu ohne jede Unterbrechung und vollkommen automatisch in verschiedensten Alltagssituationen abläuft. Er bestimmt nicht nur unser Denken, sondern auch die damit einhergehenden Gefühle und unsere Wahrnehmung. Der innere Dialog hilft uns, zu reflektieren und zu verarbeiten, und ist somit ein wichtiger Prozess in uns.

Wenn du es schaffst, auf deine inneren Stimmen bewusster einzugehen, kannst du gezielter Einfluss auf dein Handeln nehmen. Das hilft dir, zu verstehen, welche inneren Anteile sich gerade melden, miteinander ringen und nach einer Lösung suchen.

Auf einem meiner zahlreichen Persönlichkeitsseminare, bei dem ich mal wieder an mir selbst arbeiten durfte, bin ich mit dem Vorwand, auf die Toilette gehen zu müssen, für eine kurze Zeit aus dem Seminar verschwunden. Stattdessen bin ich dort mit meinem immer lauter werdenden inneren Team in Austausch getreten. Mehrere Stimmen meldeten sich an diesem Tag unablässig mit dem Vorschlag, doch einfach das Seminar für den Rest des Tages zu verlassen, um den sich ankündigenden anstrengenden Gruppenübungen zu entgehen. Nun habe ich mir im Laufe der Jahre angewöhnt, mich mit meinen inneren Stimmen durchaus auch mal laut zu unterhalten und in die verschiedenen Rollen regelrecht hineinzuschlüpfen. So auch an diesem Tag auf der Toilette, wo ich glaubte, völlig alleine zu sein. Ich fand also im Zwiegespräch mit mir heraus, dass Paul (der Faule) sich insbesondere mit Marie (der Lernbegierigen) in den Haaren hing und Emma (die Ängstliche) auch noch ihren Einwand dazu hatte, dass die Themen, die da im Seminar als Nächstes auf den Tisch kommen würden, kaum zu bewältigen wären, ohne einen Knacks davonzutragen. Ich sagte also zu Paul (dem Faulen): „Du kannst dich nach den Übungen heute Abend auf dem Bett bei einem schönen Film ausruhen." Und zu Emma (der Ängstlichen): „Ich verstehe dich, das wird heute kein leichtes Thema, aber ich mach das schon. Sorge dich nicht. Nachher können wir richtig stolz auf uns sein, es bewältigt zu haben!" Marie (der Lernbegierigen) habe ich zugeflüstert, dass ich das Ruder übernommen habe und dafür sorgen werde, dass das Seminar nicht unterbrochen wird. Gestärkt verließ ich die Toilette, um voller Schreck festzustellen, dass zwei fremde Frauen vorm Spiegel standen und mich ein wenig fassungslos und irritiert anschauten. Die eine fasste sich ein Herz und meinte zu mir: „Wir dachten, da sind mehrere auf der Toilette und unterhalten sich, aber es sind ja wirklich nur Sie?!" Worauf ich nur antwortete: „Wir waren viele, da haben Sie sich nicht getäuscht." Verdutzt blickten sie mich an. Ich ließ beide ohne weitere Erklärung zurück und hatte einen wunderbaren restlichen Seminartag.

Wir sind nicht nur eine Person, unsere Persönlichkeit besteht aus vielen Teilen (und Stimmen).

Trau dich nun, ein kleines Schauspiel mit deinen inneren Teilen zu inszenieren, und bringe sie auf die Bühne. Wenn du dabei nicht laut agieren kannst, geht es natürlich auch lautlos nur in deinem Kopf. Effektiver und mit höherem Spaßfaktor ist es aber, wenn du dich traust, deinen Teilen auch eine hörbare Stimme zu geben. Tritt dabei zunächst in Kontakt mit den sich meldenden Teilen deines inneren Teams: Höre ihnen zu, nimm sie ernst mit ihrem Anliegen, um sie dann an die Hand zu nehmen und zu beruhigen. Sie haben eine gute Absicht und möchten dich schützen. Frage jeden Teil von dir: „Welches Bedürfnis hast du?"

Definiere jeden davon als Charakter wie Zweifler, Träumer, Angsthase, Faultier, Partylöwe usw. und gib ihnen Namen. So wird die innere Ansprache direkter bzw. konkreter, und die Wahrscheinlichkeit, dein weiteres Handeln bewusst zu beeinflussen, steigt. Wichtig ist, dass du der Boss deines Teams bist und bleibst – und damit hast du jederzeit die Möglichkeit, das Steuer oder Ruder neu auszurichten.

Eine Freundin von mir ist langjährige erfolgreiche Trainerin für Persönlichkeits- sowie Teamentwicklung und arbeitet äußerst aktiv mit ihren inneren Stimmen bzw. ihren sich meldenden Bedenkenträgern und Förderern. Humorvoll kommuniziert sie mit ihnen und hat für jeden, wie ich finde, sehr witzige Namen gefunden. Dieses Erfahrungswissen gibt sie in all ihren Trainings weiter und hat schon viele auf die Weise für eine solche Prozessarbeit begeistert. Der Dialog wird damit nicht nur leichtgängiger, er macht sogar Spaß. Oder wem zaubern die folgenden Namen kein Lächeln ins Gesicht? *Quengel Elsa* (findet immer einen Grund zu meckern), *Drama Queen* (macht aus jeder Mücke einen Elefanten), *Günter, der Schweinehund* (hat Prokrastination, die sogenannte Aufschieberitis), *Willi Willnicht* (sperrt sich gegen jede Veränderung), *Professor Husch* (liebt die Unordnung, denn wer Ordnung hält, ist nur zu faul zum Suchen), *Peggy Perfektion* (genau ist nicht genau genug), *Doris Does-it* (sie macht es einfach, und zwar sofort), *Dolores Domina* (hat immer recht). Diese Kandidaten melden sich bei meiner Freundin von Zeit zu Zeit, je nach Situation manchmal zu vielen, zu zweit oder auch alleine.[27]

Auch bei dir melden sich solche oder ähnliche innere Stimmen und bringen dein Gedankenkarussell in Schwung. Bestimme jeweils, welche Stimmen dich eher von deinem Vorhaben abzuhalten versuchen und welche dich unterstützen. Es können auch Stimmen sein, die von außen kommen, zum Beispiel durch deinen Partner, der dir als innere Stimme sagt, dass du dieses oder jenes kaum schaffen kannst, oder deinen Lehrer, der dir oft vermittelt hat, dass dein Wissen nicht ausreichend ist. Finde diese Freunde und Feinde in dir und verbünde dich auch mit deinen Feinden, denn sie gehören zum Team dazu. Akzeptiere sie und berücksichtige ihre Einwände, aber fokussiere dich auf die Freunde, die dich in deiner Zielerreichung unterstützen.

Erkenne immer die gute Absicht, die der sich meldende Teil jeweils hat. Sie alle haben die Fähigkeit, dir dabei zu helfen, dass es dir gut geht. Wenn sich zum Beispiel Günter (der Aufschiebende) meldet, schafft er neue Blickwinkel auf die Prioritäten, und dadurch bist du in der Lage, zu entscheiden und einzuschätzen, ob du jetzt dieses oder jenes tun kannst oder vielleicht erst später. Demensprechend startest du womöglich zunächst mit anderen Dingen am Schreibtisch wie Überweisungen oder Ablage und kommst dann erst zu der Erstellung deiner Vortragsunterlagen für den nächsten Tag. Dies ist eine überaus wichtige Fähigkeit, und indem du das erkennst, dich nicht gleich unter Druck setzt und verurteilst, kann dir deine Vortragsvorbereitung zu einem späteren Zeitpunkt sehr viel besser gelingen.

Sollte sich ein innerer Teil jedoch unablässig melden und du weißt ganz genau, dass er dich nur von deinem Vorhaben abhalten will, dann verhandele mit dieser Stimme und vereinbare beispielsweise Kompromisse oder verschiebe die Diskussion auf später und dann kümmerst du dich darum. So verschiebe ich öfter Paul (den Faulen) auf abends und biete ihm dann einen schönen Film auf meinem bequemen Sofa an, da kann er meist nicht Nein sagen.

Dies ist eine mögliche Herangehensweise bzw. ein Modell, mit seinem inneren Team in Kontakt zu treten und das auf spielerische Art und Weise. Du kannst selbstverständlich andere Namen für deine Anteile vergeben, entscheidend ist, dass sich die jeweiligen Anteile angesprochen fühlen und sich auf die Bühne stellen für ihre Vorstellung.

Beim Puzzeln melden sich auch deine inneren Stimmen. Bei jedem von uns sind das andere Teamkollegen, die da in den einzelnen Puzzleabschnitten die Bühne betreten. Jeder möchte seine Rolle im Spiel spielen. Sie wohlwollend wahrzunehmen und mit ihnen in den Dialog zu treten wird deinen Puzzleerfolg beschleunigen. Alle Stimmen haben eine gute Absicht, wollen uns prüfen und verfolgen das Ziel, dass wir uns reflektieren. Es ist deine Aufgabe, die jeweilige Absicht der Persönlichkeiten in dir zu erkennen und sie entsprechend zu steuern.

So kann es sein, dass du in bestimmten Momenten nicht die nächsten Puzzleteilverbindungen findest und es vielleicht sinnvoller ist, neu zu sortieren oder gar eine Pause einzulegen. Sorge für dich, nimm dir die Zeit beim Puzzeln und höre dir die Einwände deiner inneren Stimmen sorgfältig an.

Das Puzzle besteht wie wir auch aus vielen Teilen und ergibt erst zusammengesetzt ein Ganzes. Jedes Teil hat dabei eine Funktion, ist wichtig und wird nur im Zusammenwirken stark und erfolgreich. Stell dir ein Puzzle mit einer Landschaft vor: Dort ist das grüne Gras-Puzzleteil genauso wichtig wie das blaue Himmel-Puzzleteil, wenn auch an unterschiedlichen Stellen und in unterschiedlichen Ausführungen. Sie ergeben erst zusammen mit den vielen anderen dazwischenliegenden Puzzleteilen das Gesamtmotiv. Die passenden Zusammenhänge Teil für Teil zu erlernen und zu erkennen, charakterisiert die Puzzleteilsuche ähnlich wie unsere innere Teilearbeit. Gemeinsam sind wir stark und bilden eine Einheit.

Diese innere Stimmenwelt ist demnach wünschenswert, es werden innere Synergieeffekte freigesetzt, es vereinen sich mehrere Potenziale. Diese vereinten Kräfte tragen mehr Weisheit als eine einzelne Stimme allein.

Wenn ich innen alle vereint habe, kann ich nach außen hin klar, authentisch und situationsgemäß reagieren. Die Kunst besteht darin, die wichtigen inneren Stimmen im gegebenen Moment zu identifizieren, zu Wort kommen zu lassen und zur Zusammenarbeit zu bewegen.

Mindset Card 15

Du bist Viele.
Gemeinsam sind wir stark.

Impulsübung

Überlege dir in Ruhe, was du gerne ändern bzw. erreichen möchtest, und rufe es dir vor dein inneres Auge. Entscheide dich für ein Vorhaben, das du gerne als Nächstes fokussieren möchtest. Schreibe es dir anschließend ganz oben auf einen großen Zettel.

Überlege dir nun, welche inneren Aussagen oder Perspektiven sich hierzu melden. Schreibe jeweils mindestens drei unterstützende und drei blockierende Stimmen auf. Notiere sie alle unter deinem Vorhaben. Formuliere sie in der Ich-Perspektive. Versuche, den notierten negativen Stimmen jeweils eine positive Gegenstimme zuzuordnen, die Gutes für dich bewirken kann.

Welche Gefühle sind mit den einzelnen Stimmen verbunden? Schreibe sie direkt unter die jeweiligen Stimmen.

Gib nun jedem deiner Teammitglieder einen Namen, wie zum Beispiel „Theo, der Partylöwe", „Emma, die Oberschlaue" oder „Karl, der Perfektionist".

Nun hast du dein Team für dein Vorhaben definiert und wirst spüren, dass sich die einzelnen Stimmen während deiner Zielerreichung zu dem einen oder anderen Zeitpunkt melden werden. Du kannst dann lächelnd die eine oder andere Persönlichkeit begrüßen, sie an die Hand nehmen und beruhigen, dass es gut ist, sie mit an Bord zu haben, du ihre Einwände zwar berücksichtigst, aber dein Ziel weiterverfolgst. So fühlen sich alle gesehen bzw. gehört, und du kannst mit viel mehr Leichtigkeit deine Vorhaben in die Realität bringen.

Dein Blatt mit den Notizen dient dir dabei wie ein visueller Anker, den du jederzeit wieder zur Hand nehmen kannst, wenn das Gedankenkarussell startet.

Ich wünsche dir gute Gespräche.[28]

Platz für deine Gedanken

PLURALITÄT des Innenlebens

Jede Stimme HAT ihre ROLLE

DAS INNERE TEAM lenkt & steuert UNSERE ENTSCHEIDUNGEN

Gehe mit deinen inneren Stimmen in Verbindung UND verhandele mit ihnen

DU BIST DER Chef DEINES inneren TEAMS

PUZZLE vibes

Freie innere
Aufladestation

KAPITEL 16

Freie innere Aufladestation

Was ist unser Herzstück? Entscheidend ist, wie wir innerlich ausgerichtet sind. Denn wenn wir im Inneren ausgeglichen, glücklich, zufrieden und erfüllt sind, können wir im Außen alles schaffen. Ist dieser innere Antrieb voll aufgetankt bzw. aufgeladen, haben wir ausreichend Lebensenergie, um die gewünschten Lebensschritte zu gehen. Deine innere Aufladestation ist frei: frei von Kosten, frei von Konzepten und immer mit freiem Zugriff – egal, wo du gerade bist.

In Zeiten von Reizüberflutung und langen To-do-Listen wünschen wir uns oft Ausgeglichenheit. Und hierfür können nur wir selbst sorgen, niemand anderes. Doch wofür steht der Begriff „Ausgeglichenheit" genau? Er bedeutet so viel wie Ausgewogenheit, Harmonie oder inneres Gleichgewicht. Es geht darum, den gegenwärtigen Moment bewertungsfrei und bewusst wahrzunehmen, das heißt, uns bewusst und absichtlich dafür zu entscheiden, unsere Aufmerksamkeit auf den gegenwärtigen Moment zu richten und uns nicht ablenken zu lassen. All das im Zusammenspiel lässt uns achtsam sein.[29] Achtsamkeit ist damit quasi der offene Tankdeckel, wodurch wir bereit sind, die Energie aufzunehmen.

Ein paar Entspannungsübungen allein führen aber noch zu keiner inneren Ausgeglichenheit. Wünschst du dir innere Balance, ist es sinnvoll, diese ganzheitlich anzusetzen, also sowohl körperliche als auch seelische Aspekte zu berücksichtigen. Denn dein Körper und dein Geist sind ein Team, zumindest sollten sie es sein. Dieses Team zu haben lohnt sich, denn von Ausgeglichenheit profitierst du langfristig und auf allen Ebenen. Und auch hier ist es wie beim Puzzeln: Stück für Stück näherst du dich mit jeder Übung dem optimalen Maß an Achtsamkeit und Ausgeglichenheit.

Zur seelischen Komponente gehören neben der Entspannung durch beispielsweise Atemübungen oder Yoga noch weitere Aspekte aus verschiedenen Lebensbereichen wie Arbeit, Familie und Freunde. Ohne eine individuelle Work-Life-

Balance wird es herausfordernd, Stress langfristig in den Griff zu bekommen. Dabei geht es nicht darum, beide Lebensbereiche gleich zu verteilen, sondern du setzt vielmehr die eigenen, für dich richtigen Prioritäten. Was steht derzeit für dich persönlich im Fokus? Du benötigst momentan viel Zeit für deine Arbeit und bist damit glücklich? Prima! Du hättest lieber mehr Zeit für ein Ehrenamt? Dann nimm sie dir und tue es! Versuche jedoch, dir nicht zu viel vorzunehmen. Es sollte täglich genügend Zeit übrig bleiben, um deine innere Aufladestation mit Energie zu versorgen.

Die Selbstfürsorge ist ein enorm wichtiger Bestandteil für deine innere Balance. Plane zum Beispiel bewusst genügend Ich-Zeit ein für Ruhe und Entspannung oder was auch immer dir Kraft gibt. *Digital Detox* kann dabei helfen, aus der ständigen Reizüberflutung auszusteigen. Nimm doch einfach mal eine Auszeit in der Natur und gehe beispielsweise im Waldsee baden, um dein Immunsystem zu stärken und die Stimmung zu heben. Auch ich lebe nach dem dazu passenden Motto: „Die Natur ist der Bildschirmschoner deiner Seele."

Wenn es ums Wohlbefinden geht, schauen wir neben der Seele auf unseren Körper, und das ist auch nicht verkehrt, denn unsere menschliche Hülle braucht auch Pflege. Hier sind Themen wie gesunde Ernährung, viel sportliche Betätigung, ausreichend Schlaf und genügend Ruhepausen wichtige Aspekte, um deine innere Mitte zu finden. Doch auch unsere sozialen Kontakte spielen eine wesentliche Rolle für unser Ausgeglichen-Sein. Als soziale Menschen brauchen wir die Gemeinschaft und den Austausch mit anderen bzw. Gleichgesinnten.

Ein weiterer Weg zur inneren Ordnung kann über die äußere Ordnung führen. Nachdem du deine Wohnung aufgeräumt, den Keller entrümpelt oder dich von unnötigen Gegenständen getrennt hast, kann sich eine innere Ausgeglichenheit einstellen. Du musst dich dann im wahrsten Sinne des Wortes nicht mehr mit unnötigem Ballast um dich herum belasten.

Achtsamkeit ist die bewusste Wahrnehmung bzw. das Erleben des aktuellen Moments. Und zwar mit allem, was dazugehört: den Gedanken, Emotionen, Sinneseindrücken und körperlichen Vorgängen – einfach alle Faktoren, die einen innerlich bewegen oder äußerlich umgeben und in die Wahrnehmung fallen.[30] Durch diese bewusste Wahrnehmung und das Innehalten nimmt der Stress ab, das Verhalten wird sozialer, die Hirnleistung nimmt zu und die Achtsamkeit dient so als Schutz für den Körper und die Seele. Für mich ist Achtsamkeit etwas, das ich stetig lebe und zu meinen wichtigsten Werten gehört. Integriere auch du Achtsamkeit mehr und mehr in deine Lebenseinstellung, praktiziere möglichst regelmäßig Übungen hierzu und nicht nur dann, wenn du aus der Balance kommst. Die nachfolgende Übung kann dir, wenn notwendig, eine schnelle Hilfestellung dabei geben. Als Instant-Achtsamkeitsübung kann sie dir in sieben Schritten bei stressigen Situationen direkt helfen und dich wieder in mehr Ruhe bzw. Ausgeglichenheit führen.

Die sieben Schritte lauten:
1. Innehalten, 2. Bodenhaftung spüren, 3. bewusst atmen, 4. Blick in den Himmel, 5. bewusst hinsetzen und aufstehen, 6. einen Moment Selbstmitgefühl, 7. Umgebung und Umfeld bewusst wahrnehmen

Innehalten bedeutet, einfach mal alles für einen Moment auf „Halt" zu stellen. Sich und das Umfeld bewusst wahrzunehmen, wie beispielsweise Gerüche oder Geräusche, und dabei darauf zu achten, was gerade im Blickfeld ist. Die Bodenhaftung spürt man, indem man entweder im Sitzen oder Stehen merkt, wie der Körper den Boden oder den Stuhl – was auch immer – berührt. Nimm diese Verbindung bewusst wahr, jeden einzelnen Berührungspunkt. Nun atme als Nächstes bewusst ein und aus, dies hilft bei der Beruhigung und Entspannung. Tief durch die Nase einatmen und durch den Mund wieder aus. Einatmen, ausatmen, einatmen und wieder ausatmen. Dabei auf jeden Atemzug fokussieren. Du nimmst alle Gedanken zwar wahr, bleibst aber mit deiner Aufmerksamkeit trotzdem bewusst beim Atmen. Wenn du mit dem Meditieren anfangen möchtest, ist dies eine wunderbare Einstiegsübung.

Nun schaue in den Himmel, während du bewusst weiteratmest. Betrachte die Wolken, wie sie sich stetig verändern und weiterziehen wie deine Gedanken und Gefühle. Es hat etwas Beruhigendes, sich dies klarzumachen. Versuche jedes Mal, bewusst wahrzunehmen, wenn du dich hinsetzt oder aufstehst – und das überall. Sei es im Auto, in öffentlichen Verkehrsmitteln, zu Hause oder im Büro. Es ist wichtig, vollständig im Moment, im Jetzt zu sein. Sprich mit dir selbst in besonders hektischen und kritischen Situationen ein paar nette Worte – entweder in Gedanken oder laut. Stell dir die Frage, was du jetzt gerade in diesem Moment brauchst. Der letzte Schritt ist, die Umgebung bewusst wahrzunehmen. Wie oft sind wir in der Schlange im Supermarkt, im Stau oder beim Warten auf den Bus genervt. Wenn wir uns dann aber auf das Umfeld konzentrieren, uns also alles ganz genau ansehen, stellt sich ein entspanntes Gefühl ein.

Den Blick von innen nach außen zu richten, kann dich sofort deutlich entspannter wirken lassen. Und die Zeit scheint dabei auch viel schneller vorüberzugehen. Probiere diese Übung für dich in einem stressigen Moment aus und du wirst überrascht sein, wie sie dir helfen kann – oft genug kann man währenddessen sogar noch etwas Schönes entdecken.

Ein weiterer Schlüssel- oder Kernaspekt zu mehr innerer Balance ist es, regelmäßig zu meditieren. Für mich persönlich hat tägliche Meditation einiges im Leben verändert. Zu lernen, bewusst meinem Atem zu folgen, mich vollkommen darauf zu fokussieren, hat für mich auch den Umgang mit schwierigen Situationen verbessert. Allerdings hat es mehrere Jahre gedauert, bis ich regelmäßig, ohne Probleme oder Unterbrechungen eine Stunde und mehr meditieren konnte. Eine meiner inneren Stimmen hat mir immer wieder davon abgeraten und mir versucht einzureden, ich könne meine Zeit doch viel besser mit etwas anderem verbringen, als einfach nur sinnlos rumzusitzen. Ich habe mit fünf Minuten gestartet, mir schöne Musik angemacht, den Handy-Timer gestellt und das Meditieren anschließend stetig gesteigert. Heute meditiere ich bis zu zwei Stunden in absoluter Ruhe, und es erfüllt mich mit einer unbeschreiblichen Glückseligkeit, in meinen inneren Raum einzutauchen. Ich möchte aber nicht damit hinterm Berg halten, dass Meditieren nicht immer ein Zuckerschlecken ist. Denn es bedeutet, sich neben der Entspannung auch mit sich selbst auseinanderzusetzen, und das ist nicht immer ein reines Vergnügen.

Es gibt zwar verschiedene Formen der Meditation, aber am Ende basieren sie immer auf ähnlichen Grundlagen. Es geht darum, den Geist zur Ruhe zu bringen, sich zu entschleunigen und von außen nach innen zu gehen. Das hört sich zwar zunächst sehr einfach an, ist es in der Realität aber nicht. Wir sind daran gewöhnt, unseren Geist ständig beschäftigt zu halten. Innere Ruhe und Gelassenheit kennen wir kaum noch und können daher diese Zustände auch nicht einfach herstellen. Wenn wir das dennoch bewusst versuchen, wehrt sich unser Inneres anfangs mächtig gegen den unverhofften Stillstand und schreit förmlich nach Beschäftigung. Das Gedankenkarussell dreht und dreht sich dann wieder immer schneller, und der vorzeitige Abbruch der begonnenen Meditation steht bevor. Auch hier geht es nur Schritt für Schritt, Puzzleteil für Puzzleteil, voran. Übung macht den Meister.

Mithilfe der regelmäßigen Meditationspraxis lernst du schrittweise, dich in die Lage zu versetzen, aus dem Stress auszusteigen und innere Ruhe zu finden. Das wird nicht von heute auf morgen funktionieren, denn es benötigt Übung, bis sich die positiven Effekte des Meditierens einstellen.

Welche Art der Meditation du anwendest, ist dabei nicht ausschlaggebend. Es kann eine geführte Fantasiereise sein, eine vollkommen stille Meditation, eine musikbegleitete Entspannung – welche Form auch immer. Hier darf jeder die für sich passende Methode finden. Der perfekte Tag, mit dem Meditieren zu beginnen, ist heute.

So ist es erstens ein Weg zu mehr innerer Balance, absichtsvoll zu sein, also sich bewusster Zeit für sich selbst zu nehmen. Zweitens mehr im Hier und Jetzt zu handeln, nicht von der Vergangenheit abgelenkt zu sein und sich auch nicht in der Zukunft zu verlieren. Und als dritten Punkt: Situationen oder Personen nicht zu werten, also alles im Leben so anzunehmen, wie es ist.

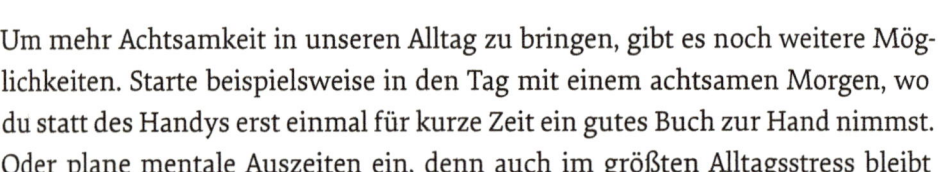

Achtsamkeit ist kein Sport, sondern dein ganz persönlicher Weg. (Katharina Tornow)

Um mehr Achtsamkeit in unseren Alltag zu bringen, gibt es noch weitere Möglichkeiten. Starte beispielsweise in den Tag mit einem achtsamen Morgen, wo du statt des Handys erst einmal für kurze Zeit ein gutes Buch zur Hand nimmst. Oder plane mentale Auszeiten ein, denn auch im größten Alltagsstress bleibt Zeit für eine Kurzmeditation.

Im Puzzeln steckt viel mehr als ein Zeitvertreib. Dabei sind wir völlig im Hier und Jetzt. Es gibt in dem Moment nichts anderes zu tun, als zu puzzeln, parallele Aktivitäten sind nicht möglich. Du benötigst schließlich die volle Aufmerksamkeit für das Puzzle, ansonsten ist es eher Zufall, passende Teile zusammenzubringen. Wir steigen so vollständig über das Puzzeln aus dem Alltagsstress aus und tauchen in eine ganz andere Welt ein. Damit ist Puzzeln der Katalysator, um Achtsamkeit zu erfahren und auch dauerhaft zu üben. Ein Zitat von Konfuzius mit dem Wortlaut „In der Ruhe liegt die Kraft" bringt diesen Achtsamkeitsaspekt auf den Punkt.

Das Puzzeln versetzt uns automatisch in einen kreativen und zugleich meditativen Zustand, wir finden damit in die nötige Ruhe für eine erfolgreiche Umsetzung. Schon die Betrachtung des Motivs hat eine entspannende Wirkung: Es senken sich dabei der Puls, die Atemfrequenz und der Blutdruck. Daneben sorgt die stetige Visualisierung dafür, dass wir alle Außenreize mehr und mehr ausblenden. Den schon in einem der vorangegangenen Kapitel beschriebenen Flow-Zustand zu erreichen, ist im nächsten Schritt das ideale Ziel nach der Achtsamkeit. Gelangen wir an diesen Punkt, gönnen wir unserem Geist und unserer Seele einen regelrechten Kurzurlaub mit Erholungsgarantie. Angstgefühle verabschieden sich und wir fühlen uns nur noch glücklich.

Beim Puzzeln entsteht eine machbare und immer wieder abrufbare Ordnung, und so haben wir die sanfte Kontrolle darüber, was uns in einen tiefen, zufriedenen innerlichen Zustand bringen kann. Umso öfter wir in den Puzzleprozess einsteigen, umso mehr üben wir die Erreichung dieses Zustands, und es wird von Mal zu Mal leichter. Das Puzzle bietet somit einen geschützten sicheren Rückzugs- bzw. Übungsort und schafft es so, ähnlich wie eine Meditation zu wirken. Läufer kennen diesen Zustand, wenn sie Langstrecken laufen, Leseratten beim Lesen ihres Lieblingsromans.

Ich persönlich finde diesen meditativen Aspekt des Puzzelns so bedeutsam, dass ich meine Seminarreihe „Meditationspuzzeln" betitelt habe. Für mich ist das Puzzle mein Meditationskissen.

Das Gehirn kann sich beim Puzzeln vollkommen auf die zugrunde liegende Fähigkeit, die übrigens sogar angeboren ist, konzentrieren: das Aufspüren von Mustern, das Erkennen von Dingen, die zusammengehören. Das können sogar schon Babys wenige Wochen oder Monate nach der Geburt. Durch die Übung werden wir besser und besser, unsere Frustrationstoleranz wird höher und höher, je mehr wir mit Spaß bei der Sache sind. Nebenbei trainieren wir sogar noch unser Kurzzeitgedächtnis, das versucht, sich Puzzleteil für Puzzleteil einzuprägen.

Unser Körper bekommt durch die ruhige Art des Puzzelns das Signal, dass kein Grund für Stress besteht und er sich absolut entspannen kann. Langsame achtsame Handbewegungen zu dem einen oder anderen Puzzleteil, zwischendurch ein wenig sinnieren, ab und an der Griff zum Wein- oder Wasserglas: In Summe versetzt uns all das fast in Trance. So wird mit dem Puzzle eine wunderbare Rückzugsmöglichkeit geschaffen, die zu einer Entspannungsroutine führen kann. Um diesen Übungseffekt zu stärken, plane dir regelmäßige Puzzlemomente mit ausreichenden Zeitfenstern ein, damit du auch richtig und in Ruhe hineinfinden kannst. Vielleicht unterstützt dich leichte Hintergrundmusik dabei, noch besser in deinen Entspannungsmodus zu kommen. Nutze die Momente, wenn es scheinbar keine passenden Ergänzungen gibt, dir das schon gepuzzelte Motiv und auch die noch zu puzzelnden Teile in aller Ruhe anzuschauen. Du kannst dadurch vielleicht neue Möglichkeiten erkennen.

Wenn du innerlich in Balance bist und deine Energien/Kräfte ausreichend aufgeladen sind, hast du auch ein hohes Motivationspotenzial und Vertrauen. Diese beiden Fähigkeiten werden sowohl im Leben wie auch beim Puzzeln benötigt, um alle Höhen und Tiefen zu meistern. Wenn die ersten Puzzleteile zueinanderfinden, motiviert uns das, auf diese Weise weiterzumachen. Sobald es hier und da hakt, schau achtsam auf Details der einzelnen Teile und nimm in aller Ruhe neue Möglichkeiten wahr. Suche neue Anhaltspunkte – vielleicht die eine oder andere bislang nicht gesehene Linie – und orientiere dich hieran. Schon ein kleinster Farbpunkt kann ein Hinweis darauf sein, wohin das Puzzleteil gehört. Dadurch förderst und entwickelst du stetig deine Achtsamkeit.

Beim Puzzeln wird die Ruhe belohnt. Wer es schafft, lange genug ruhig und entspannt dem Vervollständigen nachzugehen, wird doppelt belohnt. Teil für Teil wird das Bild schöner und ansprechender, was unserem Gehirn signalisiert, dass sich die ruhige Konzentration lohnt. Und das ist das Besondere am Puzzeln im Vergleich zur Meditation: Es passieren dabei Prozesse auf mehreren Ebenen. Auf der einen Ebene verfolgst du dein Ziel, das Puzzle fertigzustellen, und mit jeder Puzzlerunde kommst du diesem Ziel Schritt für Schritt näher. Auf der anderen Ebene der Achtsamkeit trainierst du diese mit jeder Runde mehr und mehr, erfährst zusehends einen meditativen Zustand und dessen Wirkung. Und so scheint die Zeit beim Puzzeln immer mehr wie im Fluge zu vergehen, man verlängert Stück für Stück diesen Entspannungsmoment und gönnt sich mehr Ruhe. Beim Meditieren ist es für Anfänger oft herausfordernd, eine längere Zeitspanne im meditativen Zustand zu verweilen. Das Puzzle spielt hier den Meditationscoach, der dich erfolgreich von ablenkenden Tätigkeiten fernhält. Man kann es fast mit einer Netflix-Serie vergleichen, die man am liebsten in einem Rutsch durchgehend anschaut (als *Binge-Watching* bezeichnet) und alles andere dafür liegen lässt. Wie gut das tun kann.

Solltest du vom Wesen her zu unruhig für eine Meditation sein und dir nicht vorstellen können, eine gewisse Zeit in Ruhe zu sitzen, ist das Puzzle für dich das ideale Hilfsmittel, um in einen meditativen Zustand zu kommen. Dabei ist nur wichtig, sich genügend Zeit einzuräumen und nicht eben mal zwischendurch oder nebenbei ein paar Puzzleteile zusammenzulegen. Sollte sich das Gedankenkarussell hartnäckig weiterdrehen und dich von deinem Puzzle oder Vorhaben abhalten, dann wende die Stopp-Strategie an als eine einfache, aber effektive Intervention. Halte inne und sage dir laut oder innerlich: „Halt! Stopp! – Jetzt beschäftige ich mich hiermit, um euch andere Gedanken kümmere ich mich später." Vielleicht kann es dir auch helfen, die aufkommenden Gedanken oder anstehenden Tätigkeiten kurz zu notieren, um deine volle Konzentration wieder auf dein Vorhaben des Puzzelns zu lenken. Denn je höher deine Aufmerksamkeit ist, desto eher wirst du dem Zustand erhöhter Achtsamkeit näherkommen.

Indem wir uns im Leben mehr fokussieren und bewusst Zeit einplanen für das, was gerade ansteht, nehmen wir diesbezüglich viel mehr Details und Nuancen wahr, die uns in der alltäglichen Schnelllebigkeit sonst nicht aufgefallen wären. Sie helfen uns beim Lösen der jeweiligen Aufgabe. So ist es auch beim Puzzle, denn wir brauchen oft viel Geduld beim Suchen der passenden Puzzleteile. Ein geübter Puzzler weiß das. Das ruhige Suchen führt dazu, dass wir uns intensiver mit dem Puzzle beschäftigen, auf diese Weise mehr Details wahrnehmen und schlussendlich entspannter vorgehen.

Genieße daher mit allen achtsamen Sinnen deine Ruhe, Entspannung und stresslose Puzzleteilsuche. Tanke die Energie, die dir diese achtsame Ruhe zuteilwerden lässt, und lade damit dein Innerstes auf.

Nutze all die Erkenntnisse aus diesem Buch, die sich dir beim Puzzeln zeigen, um sie in dein Leben zu transformieren und zu integrieren. Und du wirst erleben: Von Mal zu Mal, von Puzzle zu Puzzle, wird es dir leichter fallen, immer wieder neue Energie zu tanken, und so wird das Puzzeln immer mehr zu deiner persönlichen inneren Aufladestation und deinem Anker für all deine inneren Prozesse die dich auf deinem Weg zu mehr Achtsamkeit, innerer Ruhe und deinen Zielen begleiten

In der Ruhe liegt die Kraft.

Impulsübung 1

Die **5-Finger-Achtsamkeitsübung** ist eine der bekanntesten Achtsamkeitsübungen. Du kannst die Methode jederzeit nutzen, um vom Autopilotmodus in den Hier-und-Jetzt-Modus zu wechseln. Hierbei wird jedem Finger ein Sinneskanal und der Handinnenfläche der aktuelle Gedankengang zugeordnet. Der Handrücken dient dabei eher als Erinnerung an die Wahrnehmung ohne Bewertung.

Die Übung ist einfach. Such dir einen ruhigen Platz, wo du ungestört bist, und betrachte deine Finger aus der Handinnenfläche heraus. Ordne nun jedem Finger eine Frage zu und beantworte sie spontan und ehrlich.

Daumen: Hast du Stärken, die dich stolz machen, und welche davon findest du besonders erwähnenswert?

Zeigefinger: Was liebst du in der Natur bzw. was begeistert dich daran und womit verbindest du Wald?

Mittelfinger: Wem möchtest du in nächster Zeit eine Freude machen und womit? Ist es jemand, der auch dir ab und zu etwas Gutes tut?

Ringfinger: Welchem oder welchen Menschen gehört dein Herz und was schätzt du an diesen Personen besonders?

Kleiner Finger: Gibt es etwas, wofür du im Leben besonders dankbar bist?

Handinnenfläche: Wo war ich vor dieser Übung mit meinen Gedanken? Bei einem vergangenen Erlebnis, bei einem Ereignis in der Zukunft, ganz woanders? Oder vielleicht doch bei der zuvor aktuellen Tätigkeit?

Handrücken: Der Handrücken soll dich in diesem Moment nur daran erinnern, dass alles, was du wahrnimmst, ohne Bewertung erfolgen sollte.

Diese Achtsamkeitsübung ist vor allem dann effektiv, wenn du eine mentale Stärkung brauchst. Am besten schreibst du dir die Fragen auf und trägst sie bei dir. Konzentrier dich beim Beantworten der Fragen ganz auf dich und präge dir die positiven Antworten ein.

Impulsübung 2

Ganz im Hier und Jetzt

Deine Gedanken kreisen unaufhörlich, du findest keine Ruhe? Dann ist diese Übung wunderbar, um für ein paar Minuten oder länger einfach mal abzuschalten.

Finde für dich einen Platz, eine Position, in der du die nächsten Minuten gut entspannen kannst, und mache es dir so gemütlich wie möglich. Wenn du nur ein ganz bestimmtes Zeitfenster zur Verfügung hast, stelle dir einen Timer mit der gewünschten Zeitspanne. Schließe dann sanft deine Augen und achte auf deinen Atem, wie du langsam ein- und wieder ausatmest. Beobachte dabei, wie sich deine Bauchdecke hebt und wieder senkt. Und? Bestimmt melden sich schon die ersten Gedanken, oder? Dann reagiere darauf, sage innerlich bestimmt, aber liebevoll „Stopp!" – das kann auch mehrmals notwendig sein, denn manche Gedanken sind hartnäckig. Schiebe sie wie Wolken zur Seite und horche weiter in dich hinein. Was hörst du? Welche Geräusche nimmst du wahr? Wie geht es deinem Körper? Wo sitzen Verspannungen? Atme genau dort einige Mal hinein. Es gibt jetzt einfach nichts anderes zu tun, als so zu sitzen oder zu liegen und sich selbst zu beobachten und wahrzunehmen. Sobald sich neue Gedanken zum Nachdenken, Ärgern, Sinnieren o. Ä. auftun, sage immer wieder „Stopp!" zu dir. Du kümmerst dich später darum. Jetzt ist Zeit für dich. Diese Übung gelingt immer besser, je öfter du sie durchführst. Du wirst nach einigen Übungsläufen anfangen zu lächeln, wenn dein Gedankenkarussell wieder versucht, dabei anzulaufen. Schon nach ein paar Minuten wirst du merken, wie energiegeladen und erholt du dich fühlen kannst, wenn du einfach mal an nichts denkst.

Platz für deine Gedanken

IN DER RUHE finden SICH DIE Teile

MIT Entspannung in DIE BALANCE

Der ATEM ist DIE BRÜCKE VON innen NACH außen

SEI BEWERTUNGS-frei im gegenwärtigen Augenblick

DEN Kopf FREI-purzeln

PUZZLE vibes

Puzzeln leicht gemacht

Nachfolgend sind in Kurzform die schon teilweise in den Kapiteln erwähnten Puzzletipps aufgeführt sowie noch einige ergänzende Hinweise, damit sich der Spaß beim Puzzeln völlig entfalten kann.

1. Wähle ein passendes Motiv

Anfänger orientieren sich am besten erst einmal an einem Umfang von 500 oder 1.000 Teilen. Das Motiv sollte einem auf jeden Fall persönlich zusagen und zu Beginn nicht zu schwierig sein. Kontrastreiche Bilder helfen beim Puzzlevergnügen. Man sollte besser erst mal Abstand nehmen von Schwarz-Weiß-Puzzles oder von Motiven, die große einfarbige Flächen aufweisen.

2. Nimm dir Zeit

Egal, ob du fürs Puzzeln eine feste Zeit im Tagesverlauf reservierst, einen bestimmten Wochentag oder vielleicht sogar einige Freunde zu einer geselligen Runde einlädst – nimm dir ausreichend Zeit für dein Puzzle. Es sollte nicht das Ziel sein, in einem bestimmten Zeitfenster das Puzzle zu lösen, sondern vielmehr, den Spaß daran zu erhalten. Stell dich darauf ein, dass du je nach Teileanzahl einige Tage oder gar Wochen immer wieder zu deinem angefangenen Puzzle zurückkehrst.

3. Atmosphäre ist alles

Damit du eine schöne Zeit mit deinem Puzzle verbringst und die entspannenden, meditativen Komponenten richtig genießen kannst, sorge für eine angenehme, gemütliche Atmosphäre. Koch dir beispielsweise eine schöne Tasse Tee oder Kaffee, schlüpfe in dicke Wollsocken und spiel deine Lieblingsmusik ab. Viele Puzzler hören ausgesprochen gerne Hörbücher, während sie puzzeln.

4. Der richtige Untergrund

Egal, ob du an einem großen Tisch sitzt bzw. stehst, dich auf dem Boden in Wohnzimmer oder Hobbyraum ausbreiten möchtest oder sogar eine mobile Lösung brauchst, um zum Beispiel im Garten bzw. auf der Terrasse zu puzzeln – der passende Untergrund ist unabdingbar. Die drei gängigsten Varianten sind wie folgt – entscheide selbst nach deinen individuellen Bedürfnissen, welche am besten zu dir passt.

Der **Puzzletisch** eignet sich besonders für die, die einen festen Platz zum Puzzeln bevorzugen und keine Mobilität benötigen. Wie ein kleines Kunstwerk schmückt das entstehende Puzzle hier zudem den Raum, da man den Tisch leicht aufwärts neigen kann. Man steht oder sitzt entspannt davor und hat dabei jederzeit einen guten Gesamtüberblick über das Motiv.

Alternativ ist die **Puzzlemappe** von Vorteil, da hiermit sogar gereist werden kann. Mit dieser flexiblen Lösung kann man jederzeit das Puzzle unterbrechen und sowohl senkrecht als auch waagerecht verstauen, zum Beispiel auf Schränken oder unterm Bett. Dank seiner durchdacht konzipierten Oberfläche verrutschen die Teile nicht.

Praktisch und einfach funktioniert das Puzzeln auch auf einer **Puzzlerolle** oder Puzzlematte. Hier wird ein dünner Filzteppich ausgerollt, auf den man das Motiv legt. Einige Hersteller solcher Puzzlerollen haben sogar die passenden Rahmen für die verschiedenen Puzzlegrößen aufgedruckt, was gerade am Anfang eine gute Orientierungshilfe bietet. Möchte man das angefangene Puzzle vorübergehend wegräumen, wird es mithilfe einer mitgelieferten Plastikrolle zusammengerollt. Ohne großes Verrutschen kann das Werk nun entweder senkrecht oder waagerecht platzsparend verstaut werden.

5. Die richtige Beleuchtung

Es ist unheimlich wichtig, dass du deinen Puzzlebereich optimal ausleuchtest. Gerade wenn du abends ohne Tageslicht puzzeln möchtest, kann es ohne gute Beleuchtung schwer werden, die einzelnen Farben korrekt zu unterscheiden. Um ausreichende Lichtquellen zu gewährleisten, kann man sich auch mit einer Tageslicht-Arbeitsleuchte behelfen, die sich bei Bedarf zudem auf den Boden stellen lässt.

6. Know your Puzzle – kenne dein Motiv!

Wenn du das Motiv nicht nur verinnerlicht, sondern es auch gut sichtbar bereitgestellt hast, wirst du besser/leichter weiterkommen. Immer wieder wirst du beim Puzzeln die Teile mit dem Motiv vergleichen, um dich im Bild zu orientieren und Strukturen zu erkennen. Wenn du bereits viele Puzzle mit Vorlagenbild gelöst hast, kann es jedoch auch sehr reizvoll sein, stattdessen „blind" zu lösen. Ich empfehle, die Schachtel gut sichtbar beim Puzzeln vor sich hinzulegen oder hinzustellen.

7. Sortieren – Sortieren – Sortieren

Hierbei gibt es verschiedene Strategien, ratsam ist aber, zunächst alle Rand-steine rauszusuchen. Du kannst anschließend oder alternativ grob nach Farben bzw. Strukturen oder nach erkennbaren Objekten/Fragmenten vorsortieren. Empfehlenswert ist dabei, Sortierschalen zu verwenden – am besten solche, die ganz flach sind, so kann man die Puzzleteile besser darin sehen/erkennen.

8. Es geht los – aber wie?

Du hast den richtigen Arbeitsplatz bzw. Untergrund zum Puzzeln, die Beleuch-tung stimmt? Perfekt, dann kann es jetzt losgehen. Die meisten beginnen mit dem Rand, andere legen zunächst Fragmente bzw. Einzelmotive und verbinden diese dann später. Hier findet jeder seinen eigenen Weg.

9. Hilfe holen – es ist noch kein Meister vom Himmel gefallen

Solltest du tatsächlich mal feststecken (was völlig normal ist), empfiehlt es sich, einfach mal die Perspektive sowohl auf das Bild als auch auf den Tisch zu verän-dern. Bewege dich im Raum, wechsle beispielsweise die Tischseite oder steig auf einen Stuhl und schau von oben. Ein Perspektivenwechsel bzw. Leuchtturmblick kann Wunder bewirken. Solltest du dann trotzdem noch feststecken, empfiehlt es sich, Hilfe zu holen. Das ist auch wichtig, damit die Motivation dich nicht ver-lässt. Oft reicht ein kleiner Anstoß des Partners oder eines Freundes in Form von zwei oder drei neu gelegten Teilen, um das Ganze wieder ins Rollen zu bringen. Vier Augen sehen mehr als zwei!

10. Pause machen

Manchmal ist es sinnvoll, eine kleine Pause einzulegen und das Puzzle für eine halbe Stunde oder sogar einige Tage mal ruhen zu lassen. Mit ein bisschen Abstand und freiem Kopf entdeckt man sicherlich bald wieder neue Teile, die sich zusammenfügen lassen.

11. Puzzle fertig – was nun?

Wenn du all meine Puzzletipps beherzigst, hast du mit Sicherheit selbst das schwierigste Puzzle im Nu gemeistert. Doch was macht man nun mit dem vollendeten Kunstwerk? Es wieder auseinanderzunehmen und in die Schachtel zurückzupacken, wäre doch schade. Deshalb habe ich noch einen letzten Puzzletipp für dich: Verwende das erreichte Ergebnis als Wohnungsdekoration! Mit dem passenden Puzzlerahmen und -kleber kannst du dein Lieblingsmotiv an einer beliebigen Stelle in der Wohnung aufhängen und so gekonnt in Szene setzen.

Abschlusspuzzle

Alles geht irgendwann zu Ende, auch dieses Buch. Ich bin immer wieder fasziniert davon, was das Puzzle im übertragenen Sinn auf unser Leben alles ausdrücken und aufzeigen kann. Welche Effekte und Auswirkungen hiermit erzielt werden können und wie wunderbar einfach es sich als Hilfsmittel zum Selbstreflektieren anwenden lässt. Das Puzzle bereichert unser Leben: auf der einen Seite als Selbstcoaching-Instrument und auf der anderen Seite als Beobachtungs- und Wahrnehmungshilfe unserer Prozesse.

Das Puzzeln kann dich immer wieder erneut in deinen Entwicklungsprozessen begleiten bzw. sie anstoßen. Beispielsweise mit neuen Motiven, herausfordernder Puzzleteileanzahl oder neuen Formen. Zudem ist es schnell im direkten Zugriff. Selbst für Reisende gibt es mittlerweile Puzzle-Apps, mit denen du auch unterwegs auf deinen digitalen Geräten in diese besondere Welt des Geduldsspiels abtauchen kannst.

Wie in einem Überraschungsei sind Spiel, Spaß und Spannung beim Puzzle mit an Bord. Wir dürfen uns mit jedem unbekannten Puzzle aufs Neue überraschen lassen, welche Erkenntnisse und Erlebnisse wir daraus gewinnen können. Wer kennt noch die Situation, als wir früher im Supermarkt an der Kasse erst mal jedes Ei geschüttelt haben? Und genervte Blicke der Kassierer oder von anderen Wartenden in der Schlange uns sprichwörtlich fast getötet hätten. Und dann das überraschte Realisieren, wenn beim Auspacken doch nicht eine gewünschte Figur herauskam, sondern eine Bastelherausforderung. Unser Leben ist genauso voller Überraschungen. Wir können uns eben nicht immer alles aussuchen, obschon wir gerne die Kontrolle hätten. So bleibt unser Leben spannend wie ein Überraschungsei, weil wir immer wieder neuen Herausforderungen gegenüberstehen.

Beim Puzzle sind die Teile im Gegensatz zu unserem Leben vorgegeben. Im Leben sind wir jederzeit der Kreator unserer einzelnen Lebenspuzzleteile. Dabei sind keine Grenzen gesetzt, du kannst deine Puzzleteile jederzeit formen, anordnen und auch die Puzzlegröße (neu) bestimmen. War eine Erfahrung besonders schön und positiv für dich, erschaffe dir dafür ein gedanklich großes, auffallendes, farbenprächtiges Puzzleteil. War sie eher negativ, kannst du das Puzzleteil schrumpfen lassen und von einer anfänglich dunklen Farbe in eine hellere verwandeln. Alles ist erlaubt. Es liegt ganz bei dir, wie das Gesamtbild aussehen soll. Deine Aufgabe ist es, die Puzzleteile mit Erfahrungen, Erlebnissen und Erkenntnissen gedanklich zu gestalten, und dazu gehören sowohl die schönen wie auch die weniger schönen. Jede herausfordernde Situation kann zu einem Puzzleteil werden, das dich durch den Lernprozess zu einem anderen, nächsten Puzzleteil führt und somit eine Verbindung eingeht. So wächst du und damit dein Lebenspuzzle mit jeder Erfahrung und Herausforderung.

Durch das in diesem Buch beschriebene Puzzle-Selbstcoaching gewinnst du für dich mehr Offenheit – auch durch verschiedene Perspektivenwechsel, die du durch das Wiederholen immer wieder einnimmst bzw. zulässt. Du wirst fähiger, auch Ungewohntes zu denken und zu fühlen. Deine Veränderungsbereitschaft und Frustrationstoleranz erhöhen sich, sodass du neue Wege schneller begehst und durchstehst, auch wenn sie herausfordernder sind. Dein Denken entwickelt sich in ein wachstumsorientiertes Mindset, denn du vertraust mehr und mehr darauf, dass du dich ändern kannst und sich deine Wünsche erfüllen können. Indem du den Beobachterposten öfters einnimmst, erkennst du besser die Zusammenhänge zwischen deinem Denken, Fühlen bzw. Handeln und erhöhst somit deine Reflexionsfähigkeit. Du gewinnst deine Selbstermächtigung zurück. Unsere fertigen einzelnen Puzzles ergeben am Ende ein großes Ganzes – unser Leben. Jedes Bild ist dabei wichtig für das Gesamtbild, und jedes einzelne Puzzleteil hat seinen besonderen, entscheidenden Platz darin. So hat jeder von uns hier auf der Erde seine Bestimmung, eine oder mehrere Aufgaben, die genau auf ihn zugeschnitten sind. Jeder an seinem Ort – mit dem, was ihn ausmacht. Vielleicht gibt es am Ende nicht den einen Beruf, die eine Berufung und den einen Sinn des Lebens. Was wäre, wenn es mehrere, ja sogar viele gäbe? Fertig wird unser Lebenspuzzle allerdings nie. Denn es wird, auch nachdem wir gegangen sind, von anderen weitergepuzzelt: Ich finde, das ist nicht nur ein schöner Gedanke, sondern auch ein erfüllendes Gefühl. Denn wir hinterlassen etwas, das weitergeht.

Zum Ende habe ich dir noch eine Reflexionsübung als eine Art Abschlusspuzzle mit kleiner Rückwärtsreise durch die beschriebenen Lebensthemen vorbereitet. Sortiere hierzu die einzelnen Mindset-Karten-Puzzleteile den zugehörigen Bilduntersätzen, wie in den Kapiteln abgebildet, zu. Trage dann die einzelnen Puzzleteilnummern neben den Satz in die vorgegebenen Kreise ein. Du kannst als Überprüfung in die Kapitel rückwärts eintauchen, um dir ganz sicher zu sein.

Ordne bitte die einzelnen Ziffern der Sprüche den zugehörigen Mindset Cards, wie in den Kapitel dargestellt, zu. Schreibe die jeweilige Zahl in die dafür vorgesehenen Kreise der nebenstehenden Karten.

1. Du kannst alles erreichen, was du wirklich willst!
2. Der Vierte vereint alles – er puzzelt mit allen Sinnen!
3. Alles ist in dir - ent-wickele dich!
4. Stehe fest im HIER und JETZT und leuchte alles aus!
5. Erkenne dich selbst und andere, dann bist du in Verbindung.
6. Auf den Wellen des Lebens surfen.
7. Verbindung ist aller Anfang.
8. Wachse über dich hinaus.
9. Das Hindernis ist der Weg.
10. Mit Flow in die Leichtigkeit.
11. Werte sind der Kompass im Leben.
12. Du kannst so viel mehr als du glaubst.
13. Bewege dich vom Wünschen hin ins Tun.
14. Lasse es innen in dir brennen, damit du nach außen leuchten kannst.
15. Du bist Viele. Gemeinsam sind wir stark.
16. In der Ruhe liegt die Kraft.

225

Sei nicht zu streng mit dir, wenn es dir nicht so leichtgefallen ist und bei dem einen oder anderen Satz nachgeschaut hast. Es waren viele unterschiedliche Themen mit an Bord. Ich würde mich freuen, wenn du durch dieses letzte Rätsel etwas mehr von den Impulsen in dir verankern kannst.

Ich habe mit dem Schreiben dieses Buches meine Komfortzone mehr als verlassen und bin stolz, es gewagt zu haben, dieses Textpuzzle zu vollenden. Dank vieler liebevoller Helfer ist es nun zu dem Werk geworden, das du bis hierhin gelesen hast. Und hoffentlich konnte ich auch dich damit persönlich erreichen und bewirken, dass du dein Lebenspuzzle selbst mehr in den eigenen Fokus nimmst und gestaltest. Es ist alles in uns – finde den Mut, deine nächsten großen oder auch kleinen Schritte zu gehen. Es ist erst zu Ende, wenn es zu Ende ist; und so lange können wir immer noch dazulernen und Schritt für Schritt unser Lebenspuzzle gestalten. Es ist das Puzzle deines Lebens auf der Suche nach deinem Ich. Goldnugget für Goldnugget suchen wir uns wie Schatzsucher unseren Schatz zusammen, der uns unsere Erfüllung schenkt.

Das Leben ist ein großes Abenteuer. Lebe und erlebe es. Aber vor allem – genieße deine Reise ganz bewusst und achtsam. Denn es gibt nur das Hier und Jetzt.

Nachlese

Glückwunsch, du hast dieses Buch bis hierhin gelesen! Das zeigt, dass du nicht nur eine Bereitschaft zur Veränderung, sondern auch Durchhaltevermögen hast – die besten Voraussetzungen für Entwicklungsprozesse. Dieses Buch ist aus dem tiefen Wunsch heraus entstanden, denjenigen, die am Anfang eines Veränderungsprozesses stehen, etwas an die Hand zu geben, was leicht und ohne fremde Hilfe anzuwenden ist, um jenen Prozessbeginn zu unterstützen. Es soll dazu anleiten, wie du selbst weiterwachsen kannst, und hierfür Hilfestellungen bieten sowie bis zu einer gewissen thematischen Tiefe auch die Hintergründe aufzeigen.

Die aufgeführten Beispiele und Übungen der einzelnen Kapitel können dir dabei helfen, dich besser kennenzulernen, und lassen dich zudem die Theorie dahinter erleben und fühlen. Die einzelnen Themenbereiche konnten im Rahmen dieses Buches nicht immer vollumfänglich betrachtet, manchmal auch nur angeschnitten werden und erheben daher keinen Anspruch auf Vollständigkeit. Ich möchte dir mit diesem Buch einen Einstieg in die Welt der Selbstreflexion mithilfe des Puzzles als Katalysator liefern. Wenn du Interesse hast, tiefer ins Thema einzusteigen, schaue gerne in meinen Literaturempfehlungen und Quellen nach Büchern, die dich in dem einen oder anderen Punkt noch mehr unterstützen und intensiver informieren können. Gerne kannst du dich auch direkt an mich wenden *(kln@myamenity.de)*. Ich freue mich über jeden Kontakt und helfe dir gerne auf deiner Reise zu dir selbst weiter.

Manche werden das Buch in einem Rutsch durchlesen, andere lieber schrittweise Kapitel für Kapitel und dazu die integrierten Übungen praktizieren. Wieder andere gehen vielleicht im Rhythmus des parallelen Puzzelns vor – geh deine eigene Geschwindigkeit und nimm dir die für dich nötige Zeit. Ich empfehle dir, dieses Buch wie ein Handbuch zu nutzen, das du jederzeit immer wieder zur Hand nehmen und einzelne Passagen nachlesen kannst, um das komprimierte Wissen daraus mehr und mehr zu verinnerlichen und zu verankern. Daher habe ich nach jedem Kapitel ein wenig Platz gelassen für **deine** Gedanken. So wird das Buch vielleicht auch ein wenig **deine** Anleitung für **dein** Lebenspuzzle, das du ab jetzt bewusster gestalten kannst.

Wenn du dich mit Lebensthemen wie Werten, Glaubenssätzen und Zielsetzungen erst seit Kurzem beschäftigst, ist es sehr hilfreich, die Übungen mehrmals durchzugehen und sie zum Teil in deine Alltagsroutinen zu integrieren, dann wirst du deutlichere Effekte erleben. Es können selbstverständlich auch andere Übungen sein, die für dich eher passen. Es ist nur wichtig zu erkennen, dass wir das Üben brauchen, um die tiefen hinderlichen Verankerungen zu lösen sowie neue förderliche Anker aufzubauen und zu pflegen.

Vielleicht ist mit Ende dieses Buches dein parallel gepuzzeltes Motiv schon fertig und du kannst nun voller Stolz auf dein Werk schauen und es genießen: ein weiteres Puzzleteil in deinem Lebenspuzzle.

Ich habe versucht, möglichst viele Passagen mit Quellen für dich zu hinterlegen. Es sind jedoch zahlreiche Gedankengänge und inhaltliche Ausführungen durch meine jahrelange Beschäftigung mit diesen Themen in Seminaren, Ausbildungen und Coachings regelrecht aus mir herausgeflossen und daher nicht immer der direkten Quelle zuzuordnen. Die überlegten Bezüge zum Puzzle sind durch meine eigenen Puzzleprozesse und -seminare gesammelt und entstanden.

Das Ende dieses Buches ist gleichzeitig der Start für deine ab jetzt hoffentlich bewusstere und achtsamere Lebenspuzzlereise – sei mutig und wage den Anfang: Es lohnt sich.

LIVE – LAUGH – LOVE
Deine Katja

Mein Lebenspuzzle

Üblicherweise kommt in fast allen Büchern zum Schluss ein Kapitel über den Autor mit Daten, Fakten und markanten Lebenspunkten. Fakt ist, dass es in meinem Skript bis zum Schluss hierfür keinen Platzhalter gab. Dennoch fragte ich mich weiterhin, warum ist das so? Fühle ich mich ungenügend? Sind meine Ausbildungsschritte nicht nennenswert genug? Möchte ich mich nicht zeigen? Es kam ein deutliches Nein aus meinem Inneren, und gleichzeitig formte sich das Bewusstsein, dass dieser Ausstieg aus dem Außenvergleich und der Einstieg in das innere Gefühl das Grundanliegen meines Buches ist. Es war ein klarer innerer Stopp. Bleibe bei dir. Und das habe ich getan. Zumindest für dieses Buch. Denn was bedeutet es wirklich, diese oder jene Ausbildung bei diesem oder jenem absolviert zu haben? Was sagt ein Abschluss über mich aus? Wer bin ich wirklich?

Aus diesen Gedanken heraus ist an dieser Stelle kein „normales" Autorenporträt entstanden, sondern eher ein Herzimpuls, mich weniger von äußeren Qualifikationen und Bewertungen lenken zu lassen und mehr meinem Bauchgefühl zu vertrauen.

Mein Weg war und ist, mehr und mehr aus dem Außen in mein Innen zu kommen und aus dem Vergleich und der Außenbewertung herauszutreten. Höher. Schneller. Weiter. Das war viele Jahre mein Lebenskonzept, das sich für mich nie stimmig angefühlt hat. Lange Zeit habe ich die Lenkung meines Lebens abgegeben und mich allzu oft auf die Meinung von anderen verlassen. Meinem Bauchgefühl habe ich dagegen erst gar nicht zugehört. Häufig bin ich nicht ins Tun gekommen, da ich nicht wusste, was ich eigentlich wollte. Aber das Leben lebt sich von innen nach außen, was uns die Natur wunderbar vormacht. Wir vergessen das nur leider allzu oft.

Mein Potenzial war von klein auf die Leichtigkeit, die Freude, die Kreativität und die Verbindung mit anderen. Was auf fast allen Bildern meiner Kindheit mehr als eindeutig erkennbar ist. Doch irgendwann habe ich aufgehört, mich in den Mittelpunkt zu stellen, und bin mir nicht treu geblieben. Vielleicht auch, weil es sich irrtümlicherweise so viel leichter angefühlt hat.

Aber jetzt ist es anders! Jetzt bestimme ich!

Die vielen Jahre, die ich in der freien Wirtschaft verbracht habe, sind trotz allem wundervolle Lehrjahre gewesen, die ich heute wertzuschätzen weiß. Aus der zunehmenden Unzufriedenheit ist die Kraft entstanden, mich beruflich zu verändern und dranzubleiben. Vor einigen Jahren startete ich mit dem, was ich schon immer tun wollte: Psychologie und Coaching. Heute bin ich im Frieden mit mir. Meine Entscheidungen waren gut so, wie sie waren, und ich kann diese Erfahrungen nun an andere weitergeben.

Ab dem Moment, als ich den Mittelpunkt in mein Inneres gesetzt habe, kamen die einzelnen Puzzleteile wie von Zauberhand in mein Leben. Es macht so viel Spaß und Freude, anderen in der Entfaltung ihrer Potenziale zur Seite zu stehen, dass es für mich im Grunde keine Arbeit ist, sondern pure Herzerfüllung. So fühlt es sich an, wenn man sein Herzanliegen gefunden hat.

Hier geht es jetzt nicht um MICH, sondern um DICH!

Ich schließe daher dieses Buch-Puzzle mit dem Aufruf:

„Trau dir selbst, finde zu dir und lebe dein Potenzial."

Außergewöhnliches

Alles außer gewöhnlich – ist das Leben nicht viel zu kurz, um gewöhnlich zu sein? Was passiert, wenn man eigene Grenzen überwindet? Mit dem Puzzle ist einiges möglich, um die Komfortzone verlassen zu können.

Wenn man sich mit dem Puzzle-Fieber erst einmal infiziert hat, ist es nicht leicht die Finger davon zu lassen. Von Puzzle zu Puzzle wächst der Anspruch für immer größere Herausforderungen. Wie gut, dass es mittlerweile eine breite Auswahl an schrägen, spaßigen und anspruchsvollen Puzzles im Handel gibt. Hier einige Beispiele für außergewöhnliche Puzzles und einige kuriose Puzzle-fakten zum Staunen und Schmunzeln.

Verrückte Puzzle-Varianten

→ Die Meisterschaft kann im Puzzeln ohne Motiv erlangt werden, denn bei diesen Puzzles sind alle Teile gleichfarbig. Es gilt, allein durch Form und Größe die Puzzleteile richtig zusammenzusetzen. Entweder sind alle Teile zum Beispiel ganz in Weiß, Schwarz oder Gold.

→ Bei dem Puzzle „Das unmögliche Puzzle" sehen sich alle Teile ähnlich und sind auch noch beidseitig bedruckt. Da muss der echte Puzzle-Profi ran! Das ist spannender als jedes Fernsehprogramm. Dieses Puzzle gehört zu den schwierigsten Puzzles der Welt.

→ Für das Puzzle mit über 42.000 Teilen braucht man sehr viel Platz, benötigt es doch fertiggestellt einen Untergrund von mindestens 749 x 157 cm.

→ Der neueste Hit ist das Black Box Puzzle. Es ist ein Überraschungsmotiv ohne jede Vorlage. Man puzzelt blind und hat einzig und allein als Hinweis die ge-wählte Kategorie. Das ist purer Nervenkitzel bis zum Einfügen des letzten Teils.

→ Vor allem an Kinder, die gerne mit unterschiedlichen Formen hantieren, richten sich 3-D-Puzzles in vielfältigen und spannenden Ausführungen. Rätselspaß gibt es mit neuen Escape-Room-Puzzles. Nach dem Legen des Motivs führt die stimmungsvolle Escape-Story durch knifflige Rätsel.

Pusseliges

→ Der aktuell schnellste Puzzler hat 99 Tage gebraucht, um ein Puzzle mit 54.000 Teilen zusammenzusetzen. Damit hält er nun einen Weltrekord.

→ Das größte zusammenhängende Puzzle der Welt mit den meisten Teilen (laut Guiness Weltrekord) hatte 551.232 Teile und maß 23,20 x 14,85 m.

→ Das wahrscheinlich kleinste Puzzle der Welt hingegen entstand im Laserzentrum Hannover. Es besteht aus 100 winzig kleinen Puzzleteilchen. Das gesamte Puzzlebild hat gerade einmal eine Fläche von 5 mm². Jedes Stück so groß wie ein Staubkorn.

→ 500 kg wog ein speziell angefertigtes Puzzle, das 50 Taucher innerhalb von vier Tagen auf dem Grund eines Schwimmbads legten. Der Puzzleteppich war rund 100 m² groß.

→ Es gibt Mini-Puzzles, die so groß wie eine Postkarte sind und nur mit einer Pinzette zum Greifen realisierbar sind.

→ Das kleinste käufliche 1.000-Teile-Puzzle misst 18,2 x 25,7 cm und ist damit ein bisschen kleiner als ein DIN-A4- Blatt.

→ Das flächenmäßig größte Puzzle wurde im Jahr 2012 eigens zum Anlass des Russland-Deutschland-Jahres produziert. Es hat 1.023 Teile und eine Gesamtfläche von sage und schreibe 300 m²! Nur zum Vergleich: Ein großer Tennisplatz hat etwa die gleiche Fläche.

→ Bei der British Puzzle Championship 2020 löste Sarah Mills (UK) ein 1.000-Teile Puzzle in 1 Stunde und 40 Minuten. Das entspricht einem korrekt gelegten Teil alle 6 Sekunden. Somit hält sie den Puzzle Rekord für das am schnellsten gelöste 1.000-Teile-Puzzle.

Puzzleteil-Teilpersönlichkeiten

→ **der Mutige**
Das eine Teil, das sich nach vorne traut und die erste Verbindung eingeht

→ **der Stratege**
Das eine Teil, das die Verbindung größerer Teilstücke ist

→ **der Checker**
Das eine Teil, das die Augen öffnet für die nächsten Verbindungen

→ **der Schüchterne**
Das eine Teil, das sich bis zum Schluss versteckt

→ **der Illusionist**
Die zwei Teile, die vermeintlich zusammenpassen

→ **der Netzwerker**
Das eine Teil, das mehrere wichtige Ansatzpunkte bietet

→ **der Verirrte**
Das falsch sortierte Teil, das ganz woanders hingehört

→ **der Bremser**
Das eine Teil, das erkennen lässt, dass man lange auf dem Holzweg war

→ **der Chaot**
Das kuriose Teil, das einem lange komisch vorkommt

→ **die Nervensäge**
Das eine Teil, dass immer wieder auftaucht, aber lange nicht passt

→ **der Wichtigtuer**
Das vermeintlich auffällige Teil, das lange seinen Platz suchen darf

→ **der Außenseiter**
Das eine Teil, das unscheinbar aussieht und doch eine wichtige Funktion hat

→ **das Genie**
Das eine Teil, das einen AHA-Effekt auslöst

→ **der Durchhalter**
Das letzte Teil, bei dem man schwitzt, ob es wirklich passt

Dankbarkeit

Ich fühle tiefste Dankbarkeit dafür, dass dieses Buch entstehen konnte, und für alles, was sich daraus entwickeln kann.

Ich bin von Herzen dankbar, dass

- ... mich mein Mann immer wieder so liebevoll bestärkt hat, mir zu vertrauen und es zu wagen, den Anfang zu machen und dranzubleiben – dafür liebe ich ihn noch mehr, wenn das überhaupt geht – I love you forever!
- ... ich meinem erwachsenen Sohn hierdurch ein Vorbild sein kann, sich etwas zu trauen, was vollkommen außerhalb seiner Komfortzone liegt, und daran unermesslich wachsen zu können.
- ... meine engsten Freunde immer an mich geglaubt und mir den Rücken gestärkt haben.
- ... Tanja dieses Buch so großartig grafisch gestaltet hat – ich bin immer noch herzberührt, was sie optisch gezaubert hat und dass dieses Buch so viel mehr dadurch wurde.
- ... Julia so wunderbar den Layoutsatz gestaltet hat.
- ... ich mich entschieden habe, Profis mit der Korrektur und dem Lektorat zu beauftragen. Es fanden sich doch immer wieder hier und da ungeahnte Fehlerquellen. Danke Hilke Bemm und Andrea Naumann für die Unterstützung.
- ... mich Shirley Michaela Seul, selber Bestsellerautorin mehrerer eigener Bücher, beim Start unterstützt hat.
- ... ich mich mit dem Schreiben dieses Buches von einer tiefsitzenden Angst befreien konnte.
- ... ich meinen Traum, ein Buch zumindest in der Nähe von Wasser zu schreiben, verwirklichen konnte.
- ... mich all das motiviert, Überlegungen zuzulassen, mit meinem zweiten Buch zu starten.

Vor allem danke ich dir, dass du dieses Buch bis hierhin gelesen hast und ich dich auf deinem Lebensweg ein Stück begleiten durfte.

Von ganzem Herzen DANKE!

Das Leben ist einfach fast zu schön, um wahr zu sein.

Dankbarkeit schafft ein Bewusstsein für die kostbaren Momente, die sich in unauffälligen Ereignissen des Alltags offenbaren.

Betina Graf

Meine Literaturempfehlungen

Amend, Lars: *It's all good. Ändere deine Perspektive und du änderst deine Welt*, Kailash Verlag: München, 2019

Bäumer, Marie: *Escapade. Der Aufbruch in die Freiheit*, Verlag Gräfe und Unzer: München, 2019

Bock, Petra: *Mindfuck. Warum wir uns selbst sabotieren und was wir dagegen tun können*, Knaur Verlag: München, 2011

Brahm, Ajahn: *Die Kuh, die weinte. Buddhistische Geschichten über den Weg zum Glück*, Lotos Verlag: München, 2006

Clear, James: *Die 1%-Methode. Minimale Veränderung, maximale Wirkung – Mit kleinen Gewohnheiten jedes Ziel erreichen*, Goldmann Verlag: München, 2020

Csikszentmihályi, Mihály: *Flow. Das Geheimnis des Glücks*, Klett-Cotta Verlag: Stuttgart, 2015

Dispenza, Dr. Joe: *Ein neues Ich. Wie Sie Ihre gewohnte Persönlichkeit in vier Wochen wandeln können*, Koha Verlag: Dorfen, 2012

Greitemann, Leander: *Unfog your Mind. Perspektivwechsel für mehr Lebenslust und Leicht-Sinn*, Verlag Hermann Schmidt: Mainz, 2021

Hasson, Gill: *Achtsamkeit. Wie Sie Ihre Gedanken schweigen lassen*, GABAL Verlag: Offenbach, 2015

Havener, Thorsten/Spitzbart, Dr. med. Michael: *Denken Sie nicht an einen blauen Elefanten. Die Macht der Gedanken*, Rowohlt Taschenbuch Verlag: Hamburg, 2010

Heller, Jutta: *So bin ich stark. Gut aufgestellt mit dem inneren Team*, Kösel-Verlag: München, 2017

Hof, Wim: *Die Wim-Hof-Methode. Sprenge deine Grenzen und aktiviere dein volles Potenzial*, Integral-Verlag: München, 2021

Katie, Byron: *Lieben was ist. Wie vier Fragen Ihr Leben verändern können*, Goldmann Verlag: München, 2002

Lassen, Arthur: *HEUTE ist mein bester Tag*, hgg. von L.E.T. Seminare: Bruchköbel, 2012

Lindau, Veit: *Wunderwerk. Wie du das Unmögliche möglich machst*, unum Verlag: München, 2021

Long, Aljoscha/Schweppe, Ronald: *Die 7 Geheimnisse der Schildkröte. Den Alltag entschleunigen, das Leben entdecken*, Heyne Verlag: München 2010

Lorenz, Stefanie: *Inneres Kind heilen. „Ich war schon immer so ..." – Wie du endlich alte Glaubenssätze auflöst und wie entfesselt dein Glück selbst in die Hand nimmst*, Suhland Verlag: 2020

Reinwarth, Alexandra: *Glaub nicht alles, was du denkst. Wie du deine Denkfehler entlarvst und endlich freie Entscheidungen triffst,* mvg Verlag: München, 2019

Roewers, Nicole/Heinzmann, Florian: *Sixpack im Kopf. Meditiere dich stark und glücklich,* Verlag Unity Training: Köln, 2018

Schulz von Thun, Friedemann/Stegemann, Wibke: *Das innere Team in Aktion. Praktische Arbeit mit dem Modell,* Rowohlt Verlag: Hamburg, 2004

Schweppe, Ronald/Long, Aljoscha: *Füttere den weißen Wolf. Weisheitsgeschichten, die glücklich machen,* Kösel Verlag: München, 2016

Seiler, Laura Malina: *Mögest du glücklich sein. Entdecke dein höheres Selbst und verbinde dich mit deiner inneren Kraft,* Verlag Knaur MensSana: München, 2020

Stahl, Stefanie: *Das Kind in dir muss Heimat finden. Der Schlüssel zur Lösung (fast) aller Probleme,* Kailash Verlag: München, 2015

Stahl, Stefanie: *Das Kind in dir muss Heimat finden. In drei Schritten zum starken Ich, Das Arbeitsbuch,* Kailash Verlag: München, 2017

Strelecky, John: *Was ich gelernt habe. Erkenntnisse für ein glückliches Leben,* Verlag dtv: München, 2020

Strelecky, John: *The Big Five for Life. Was wirklich zählt im Leben,* Verlag dtv: München, 2009

Strelecky, John: *Das Leben gestalten mit den Big Five for Life. Das Abenteuer geht weiter,* Verlag dtv: München, 2016

Quellenverzeichnis

[1] Vgl. Dannemeyer, Petra/Dannemeyer, Ralf: NLP-Practitioner-Lehrbuch. Potenziale entfalten mit Neurolinguistischem Programmieren, Junfermann Verlag: Paderborn, 2016, S. 111 ff.

[2] http://www.arbeitundgesundheit.eu/media/arbeitswelt2020/texte/schulvortragreinhardt/Wahrnehmungs-Typ-Analyse.pdf (letzter Aufruf am 22.04.2023).

[3] https://rp-online.de/leben/gesundheit/psychologie/sechs-gute-gruende-fuer-chaos_aid-17827765 (letzter Aufruf am 22.04.2023).

[4] https://m.facebook.com/MutigLeben.de/photos/leuchttürme-rennen-auch-nicht-überall-auf-der-insel-herum-und-suchen-nach-booten/585259344887805 (letzter Aufruf am 22.04.2023).

[5] O'Connor, Joseph/Seymour, John: Neurolinguistisches Programmieren. Gelungene Kommunikation und persönliche Entfaltung, VAK Verlag: Kirchzarten, 2015, S. 302 ff.

[6] https://www.stern.de/familie/leben/puzzle-fuer-erwachsene-diesespiele-trainieren-das-gehirn-8913096.html (letzter Aufruf am 22.04.2023).

[7] https://online-vertriebsberatung.de/disg-modell (letzter Aufruf am 22.04.2023).

[8] https://greator.com/disg (letzter Aufruf am 22.04.2023).

[9] https://blog.hubspot.de/sales/beduerfnispyramide (letzter Aufruf am 22.04.2023).

[10] https://isabel-kulessa.de/blog/menschen-sind-herdentiere-menschen-brauchen-menschen-gemeinschaft-miteinander-2 (letzter Aufruf am 22.04.2023).

[11] Bauer, Joachim: Prinzip Menschlichkeit. Warum wir von Natur aus kooperieren, Heyne Verlag: München, 2008.

[12] Montgomery, Priska: Die Macht der Gedanken. Wie Gedanken unser gesamtes Leben beeinflussen und wie wir sie erfolgreich nutzen können!, Independently published, 2018

[13] Oettingen, Gabriele: Die Psychologie des Gelingens, Verlag Droemer: München, 2017.

[14] https://www.bwl-lexikon.de/wiki/woop-methode (letzter Aufruf am 22.04.2023).

[15] Mihály Csikszentmihályi: Flow. Das Geheimnis des Glücks, Klett-Cotta Verlag: Stuttgart, 2015.

[16] Warwitz, Siegbert A.: Sinnsuche im Wagnis. Leben in wachsenden Ringen. Erklärungsmodelle für grenzüberschreitendes Verhalten, Schneider Verlag Hohengehren: Baltmannsweiler, 2021.

[17] https://www.values-academy.de/was-sind-werte (letzter Aufruf am 22.04.2023).

[18] Sauer, Frank H.: Das große Buch der Werte 2019. Enzyklopädie der Wertvorstellungen, Intuistik-Verlag: Hürth, 2019, S. 97.

[19] Verfasser(in) unbekannt.

[20] Bucay, Jorge: Komm, ich erzähl dir eine Geschichte, Fischer Taschenbuch Verlag: Frankfurt am Main, 2007, S. 7.

[21] Stahl, Stefanie: Das Kind in dir muss Heimat finden. Der Schlüssel zur Lösung (fast) aller Problemen, Kailash Verlag: München, 2015, S. 49 ff.

[22] Brahm, Ajahn: Die Kuh, die weinte. Buddhistische Geschichten über den Weg zum Glück, Lotos Verlag: München, 2006.

[23] https://projekte-leicht-gemacht.de/blog/methoden/projektziele/die-smart-formel (letzter Aufruf am 22.04.2023).

[24] https://www.wirtschaftslexikon.gabler.de/definition/motivation-38456 (letzter Aufruf am 22.04.2023).

[25] https://www.spektrum.de/lexikon/psychologie/25 intrinsische-motivation/7421 (letzter Aufruf am 22.04.2023).

[26] https://www.greator.com/motivation/ (letzter Aufruf am 22.04.2023).

[27] Vgl. Website www.coaching-heller.de.

[28] Vgl. https://karlhosang.de/inneres-team/ (letzter Aufruf am 22.04.2023).

[29] Vgl. Ergebnis der Google-Suche nach der Definition von Achtsamkeit: https://www.google.de/search?q=achtsamkeit+defintion

[30] https://lexikon.stangl.eu/2277/achtsamkeit (letzter Aufruf am 22.04.2023)